《韩非子》的智慧

刘 静 韩鹏杰 著

中国纺织出版社有限公司

图书在版编目（CIP）数据

《韩非子》的智慧 / 刘静，韩鹏杰著 . -- 北京：中国纺织出版社有限公司，2024.1

ISBN 978-7-5229-1452-7

Ⅰ.①韩… Ⅱ.①刘… ②韩… Ⅲ.①《韩非子》－研究 Ⅳ.①B226.55

中国国家版本馆 CIP 数据核字（2024）第 043699 号

责任编辑：张 宏　　责任校对：江思飞　　责任印制：储志伟

中国纺织出版社有限公司出版发行
地址：北京市朝阳区百子湾东里 A407 号楼　邮政编码：100124
销售电话：010—67004422　传真：010—87155801
http：//www.c-textilep.com
中国纺织出版社天猫旗舰店
官方微博 http://weibo.com/2119887771
三河市宏盛印务有限公司印刷　各地新华书店经销
2024 年 1 月第 1 版第 1 次印刷
开本：787×1092　1/16　印张：8.5
字数：140 千字　定价：98.00 元

凡购本书，如有缺页、倒页、脱页，由本社图书营销中心调换

前　　言

韩非子作为先秦智慧的实践者和集大成者，其思想和著作更是中华民族优秀传统文化的重要组成部分。他以"道"作为思想的理论基础，以"君无为，法无不为"作为最高理想，坚信"法行而君不必忧，臣不必劳，民但而守法，上下无为而天下治"，以道、德、理等基本哲学范畴为理论元素，站在时代和现实的客观基础上，建构自己"法""术""势"结合的道法思想体系，对秦乃至秦以后的政治统治产生了深远的影响。同时，基于《韩非子》思想作为研究的内容，希望能够为以后的研究者开启新的视角，使他们能看到韩非子思想的渊源和承前性，能够客观理性分析韩非子思想在中国历史上的价值和作用；同时，研究韩非子的思想，可以进一步扩大中国传统文化的研究范畴，进一步树立文化自信。

本书的形成受到韩鹏杰教授国家级精品课《道家的智慧》的滋养，同时具有独立的研究和阅读价值。本书将以韩非子道法思想为出发点，阐述韩非子思想中道、理、德、法等范畴的含义，分析其思想中的意义，进而探求韩非子思想的积极影响和内在缺陷，以期提供一个重新审视韩非子哲学乃至其道法思想的视角和途径。书的上编将对《韩非子》文本所蕴含的思想和韩非子的"道""理""法、术、势"之间的逻辑关系进行梳理，接着分析韩非子思想的实践性以及这种实践性对中国的政治、思想等层面产生的价值，从而最终得出韩非子思想的真正意义并予以客观评价。下编将通过对《韩非子》文本的重要篇章，如《解老》《喻老》《大体》等相关章节的深入研究和分析，让读者更好地理解《韩非子》，更好地读懂韩非子的思想，更好地吸收《韩非子》中的积极意义。我们坚信韩非子思想作为中国传统智慧的组成部分，它的影响仍会继续下去，滋养后人。

刘　静
2023 年 10 月

目 录

上 编

绪 论 韩非子与中国文化 ··· 1

第一章 韩非子是什么人？ ··· 5
  第一节 书生还是权谋家？ ·· 5
  第二节 爱国者还是事秦者？ ·· 8

第二章 《韩非子》是什么书？ ·· 13
  第一节 怎样的书？ ·· 13
  第二节 道家还是法家？ ·· 16

第三章 《韩非子》说了什么？ ·· 23
  第一节 讲"道理"的韩非子 ·· 23
  第二节 懂"三角"的韩非子 ·· 28

下 编

第四章 《韩非子》选粹 ··· 39
  第一节 《韩非子·解老》 ·· 39
  第二节 《韩非子·喻老》 ·· 49
  第三节 《韩非子·存韩》 ·· 56
  第四节 《韩非子·说难》 ·· 64

第五节	《韩非子·有度》	71
第六节	《韩非子·和氏》	76
第七节	《韩非子·观行》	80
第八节	《韩非子·大体》	83
第九节	《韩非子·饰邪》	87
第十节	《韩非子·用人》	95
第十一节	《韩非子·功名》	102
第十二节	《韩非子·难势》	107
第十三节	《韩非子·难言》	115
第十四节	《韩非子·安危》	121

参考文献 ···································· 127

上 编

绪 论 韩非子与中国文化

韩非子的思想是秦王朝完成统一霸业的指导思想，秦始皇特别推崇韩非子的思想，将其运用于自己统一六国的过程和秦王朝的政治统治中。汉以后直至清，儒家理论一直占据政治统治思想的主流地位，但历代统治者并没有真正舍弃韩非子思想，"外儒内法"才是指导中国两千多年政治统治的根本理论。儒家自董仲舒始，为了占据绝对的主流思想地位，吸收韩非子思想以对儒学的不足之处进行改进，"援法入儒"的改造方法使得儒法达到了前所未有的融合。

韩非子的理论在秦统治和统一天下的过程中发挥了重要的作用。据《史记》记载，秦始皇在读到韩非子的作品时叹道："嗟乎，寡人得见此人与之游，死不恨矣！"对于当时迫切想要一统天下的始皇帝来说，韩非子这个代表改革思想的法家人物，他对君王御下之术的分析，对明法任刑的推崇，对智术之士和能法之士的肯定，无不契合了这位君王的统一需要。即便是他被鸩杀于秦统一天下之前，他的思想仍然被统一之后的秦王朝所沿袭和使用。"废封建、立郡县"的提出，正是韩非子"事在四方，要在中央"理论的体现。修订律法，在全国颁行统一的《秦律》更是韩非子"事皆决于法"思想的施行。至于秦始皇统一文字、度量衡等，乃至焚书坑儒，也同样是韩非子"用一以道""圣人执一以静"思想的变相演变和极端操作。

但是，我们也应该客观看待韩非子思想对秦王朝的影响，这种影响并非极端。如郭沫若所言"秦始皇的作风，除掉迷信方士、妄图长生之外，没有一样不是按照韩非子法术行

《韩非子》的智慧

事的。"❶ 韩非子的思想与秦王朝的"暴政"是不能画等号的，更不能将韩非子的思想与秦王朝的灭亡画等号。如果我们细读《韩非子》则不难发现，韩非子是反对暴政于民，反对征敛不休的，他的重刑并不等于暴刑，在《亡征》篇中，他列举了四十多种国家会灭亡的征兆，其中就有"劳苦百姓""主多怒而好用兵"。

自汉以来，历代统治者都以儒家思想治国自居，但我们剖开这层外衣，却发现韩非子的思想，特别是"法"哲学思想才是历代统治者思想的内瓤，"外儒内法"是大家心照不宣的游戏规则。

西汉时期，董仲舒将儒家理论进行改造，发出"罢黜百家，独尊儒术"的呼声，统治者也对其理论进行了充分采纳，但我们仍然可以看到韩非子的身影。汉宣帝的太子向其建议多用儒生，减少重刑时，这位皇帝生气地回道："汉家自有制度，本以霸王道杂之；奈何纯任德教，用周政乎！且俗儒不达时宜，好是古非今，使人眩于名实，不知所守，何足委任！"❷ 东汉时期的一代枭雄曹操也是韩非子思想的继承者，主张严刑峻法，治兵多采用申、韩之术。与曹操同时期的诸葛亮，也被称为韩非子思想的实行者，他喜欢抄写韩非子的作品，并向蜀主进言："尽忠益时者虽仇必赏，犯法怠慢者虽亲必罚"；"终于邦域之内，咸畏而爱之，刑峻而无怨者。"❸

汉以后至清，统治者对韩非子的学说更是讳莫如深，夹在学者们对韩非子否定多于肯定的态度中，历代统治者们的态度变得暧昧不明起来，但是作为"最切世用"的理论，显然没有哪个时期的政治统治者们愿意将其舍弃。

晚清时期，特别是甲午战争以后，正值国难当头，韩非子的法家理论又被抬出来救世。章太炎是近代歌颂韩非子的第一人，他誓要为商鞅、韩非子翻案，特别推崇韩非子"奉法"等精神。梁启超也宣扬韩非子的法治理论是当时救世的唯一理论。韩非子的"法哲学"思想可称为晚清启蒙和改革的理论起点。

新中国建立以来，毛泽东成为韩非子理论的推崇者和实践者，他说："儒俗者万千，而贤者不一，不如过去法家之犹讲一些真话。儒非徒柔也，尤为伪者骗也。"❹ 毛泽东在一次与毛远新的谈话中谈到自己曾受韩非子思想影响较大，并认为《韩非子》这本书只读

---

❶ 郭沫若. 郭沫若集 [M]. 北京：人民出版社，1982：386.
❷ 司马光. 资治通鉴. 卷第二十七 [M]. 北京：中华书局，1956：880.
❸ 陈寿撰. 裴松之注. 三国志. 卷三十五 [M]. 北京：中华书局，1959：934.
❹ 中共中央文献研究室编. 毛泽东读文史古籍批语集 [M]. 北京：中央文献出版社，1993：344.

一遍是不行的，最少也要读五遍以上。其实，从毛泽东的思想中我们不难看到，这位伟大人物是深谙韩非子哲学思想的，并能将这些思想与自己的军事、革命思想相结合，并熟练运用于实践中，从而成就了一代伟业。

韩非子的思想，相较于当时其他学派的思想具有更强的现实指导意义。他能够从人性和现实利益出发，所以具有其他学派所没有的进取和抗争精神，代表了那个时代最理性的声音，并且具有那个时代所不具有的科学精神。这种思想不仅是我们当下文化自信的源泉，更是我们发展现代文明、丰富现阶段的中国文化的取之不尽的宝库。在科学技术高速发展的今天，西方文明已经面临自身发展的困境，很多西方学者都将目光转向中国古老的文化遗产，希望能从中得到启发。而身为华夏子孙的我们，更不应该舍弃本身就有的这种古老智慧，要延续这种血脉，发扬这种理性和智慧，早日实现民族文化的复兴。

面对韩非子这个距离我们千年之久的古人，我们如何才能更好地去了解他的思想，准确地把握他的思想精髓呢？韩鹏杰老师在他的《道德经说什么》这本书里谈到怎么学习中国文化。他认为，学习中国文化的最好方式是认真地学习和了解一本经典。同样地，我们要深刻把握韩非子的思想，就要立足于《韩非子》这部经典，从文本出发，去解读文本，回归文本和思想本身。

第一章 韩非子是什么人？

第一节 书生还是权谋家？

一、公子韩非

韩非子出生于战国末期的韩国，此时的周王室日渐式微，诸侯国已经不再完全受其掣肘，诸侯国在各自的地盘上发展经济，都在为自己的崛起和称霸积蓄力量。由于旧的生产关系的瓦解和新的生产力的发展，社会上出现了"礼崩乐坏"的局面："天下熙熙皆为利来，天下攘攘皆为利往"，百姓皆为贪利而争夺，父子兄弟、朋友亲戚皆为了利益可以相互出卖和残杀。

韩非者，韩之诸公子也。喜刑名法术之学，而其归本于黄老。非为人口吃，不能道说，而善著书……故作孤愤、五蠹、内外储、说林、说难十余万言。然韩非子知说之难，为说难书甚具，终死于秦，不能自脱。

根据以上《史记·老子韩非列传》中这段文字的记载，我们首先可以明确韩非子的身份是"韩之诸公子"。在先秦时期，诸侯的儿女都可以称为公子，诸公子也就是多位子女中的一位，也就是说韩非子是韩王的众多儿女之一。这种特殊的身份使他一方面贵于一般的人，他有机会接受良好的教育，有机会接触别人无法接触的文化典籍，更有机会近距离观察国君和臣子的政治生活，谙熟国君的心理，这些都为他的思想的形成提供源泉。

另一方面，韩非子为人口吃，这种生理特点造成了他一定程度上的自卑心理。钱锺书先生在他的《管锥编》中，根据精神病学家阿德勒的个体心理学，将韩非子的"为人口吃，不能道说，而善著书"称为"补偿反应"，认为是其自卑心促使了他著书立说。我们可以看到，他心忧祖国，看出了韩国地理位置差、国力弱小，经常受到强秦进攻的社会现实，所以他不断地给韩王上书，但均不为所用。这一方面是由于他的特殊身份受到韩王的猜忌，另一方面也是因为当时的韩王安是一位庸庸碌碌的王上。韩非子把自己的无奈都化

▶ 《韩非子》的智慧

作了悲愤的力量——写文章：智子疑邻、唇亡齿寒、自相矛盾……这些文章并没有打动韩王，反倒是传到了秦王手中。

二、王未信用

人或传其书至秦。秦王见孤愤、五蠹之书，曰："嗟乎，寡人得见此人与之游，死不恨矣！"李斯曰："此韩非之所著书也。"秦因急攻韩。韩王始不用非，及急，乃遣非使秦。秦王悦之，未信用。

秦王得到这些文字后如获至宝，甚至发出"朝见非，夕死足矣"的感慨，这对追求长生不老的帝王来说实在难得，也足见其对韩非子文字的欣赏。成了资深迷弟的秦王，迫切地想要见到自己的偶像，于是听取了韩非子的同窗李斯的建议，采取了最原始的方法——抢！

弱小的韩国本来就饱受强秦的欺凌，这一次秦王直接把十万大军攻到了韩王家的门口，韩王被吓破了胆，恨不得满足秦王的一切合理不合理的要求，听到秦王只是想要不受自己待见的韩非子入秦，二话不说赶紧将其打包送走。在此形势下的韩非子应该也是别无选择，他期待韩王的认可，心系祖国的安危，内心更是怀抱着游说秦王的理想，去往秦国。然而，这一去便是与故国的永别。

从上面司马迁的这段话我们可以看到，秦王见到了韩非子确实很高兴，但秦王并未重用韩非子。这里有两个方面的原因：一方面是韩非子的口吃影响了他与秦王的会面，无法流畅地用口头语言表达自己的思想，使秦王感受到了一丝失望，会面很愉快但是气氛很尴尬；另一方面是因为秦国在此之前发生的一件事情。韩国水利专家郑国帮助秦国修建大型灌溉工程，声称修好以后可以使关中变成沃野，多养活十万人。这项工程得到了秦王嬴政的认可和支持，很快就耗费巨额资金投入建设。工程修了一半以后，秦国王室有很多人开始进言，认为此举是韩国故意弱秦，郑国是韩国的间谍，整个秦国弥漫着一种对别国人士的审视和怀疑的紧张气氛，秦王甚至下了逐客令。当然，我们知道秦国的强大离不开那些来自别国的智者们的力量，所以在李斯上书《谏逐客令》以后，秦国不再谈遣返别国人士的事，但这种怀疑和谨慎却已经埋在了秦王的心里，特别是对待来自韩国的人更是会抱持慎之又慎的态度。

三、既是书生，又是权谋家

李斯、姚贾害之，毁之曰："韩非，韩之诸公子也。今王欲并诸侯，非终为韩不为秦，此人之情也。今王不用，久留而归之，此自遗患也，不如以过法诛之。"秦王以为然，下吏治非。李斯使人遗非药，使自杀。韩非欲自陈，不得见。秦王后悔之，使人赦之，非已死矣。申子、韩子皆著书，传于后世，学者多有。余独悲韩子为说难而不能自脱耳。

与同为别国人士的李斯同学相比，韩非子为何最终落得客死异乡的结局，司马迁对此发出了"余独悲韩子为说难而不能自脱耳"的感慨，并且将《韩非子·说难》全文摘录在《史记》中。秦王之所以欣赏韩非子的文字就在于他的文字可以为秦国的统一大业服务。在秦王一统天下的步伐之下，韩非子明知势不可当，却仍然为了祖国而上书秦王，陈述存韩的理由，这为自己的悲剧埋下了祸根。果然，他被打入大牢。李斯趁机伙同姚贾给他毒酒，他想面见秦王自述，没有人替他通报，所以死在了一杯毒酒之下。等秦王想放出韩非子时，为时已晚。47岁的韩非子，先秦诸子中年纪最小的一位，就这样不明不白地死掉了。

韩非子被鸩杀，有这么几个方面的原因：

第一，他的才气过于显露。我们都知道道家强调光而不耀，做人要像月亮一样，如果像太阳那样耀眼，就很可能在刺伤别人的同时遭到别人的嫉恨，这不利于自我的保全。

第二，他的行为与他文字中的权谋不相匹配。韩非子不太喜欢姚贾的一些做法，就当面向秦王说了，导致后面姚贾的各种动作。儒家强调宁得罪君子不得罪小人，韩非子却没有这种意识，或者是他明知行为的后果，但是过分信任秦王对自己的喜爱。

第三，秦王需要的更多的是韩非子的理论和思想，这种理论和思想已经通过他的文章传递给了秦王，这个人反倒显得不那么重要了。在韩非子理论的帮助下，再辅以李斯的政治才干，秦王完成了统一六国的大业。

太史公的感慨，使我们看到了韩非子身上的矛盾性，他懂得政治权谋，有深厚的理论功底，但是自己仍然不能自脱。韩非子的学说使我们看到了一个深谋远虑的权谋家，他的悲剧一生又展现给了我们一个意气用事、不通俗世的书生形象，这两者是否矛盾或分裂？并不！韩非子的学说所呈现给我们的权谋都是帝王谋天下、治天下之术，并非阴私小人玩

▶ 《韩非子》的智慧

弄人心权术的手段，这在他的身上是统一的，也是他悲剧的根源。伟大的思想家往往不屑于非正道的手段，也往往明知不可为而为之，这才是导致韩非子悲剧发生的根源。

第二节　爱国者还是事秦者？

一、说说韩国

韩国本是"晋之别国"，是三家分晋之后被周王室册封为诸侯国的。韩国也曾在其灭郑之后有过一度的繁荣，但之后国内势力斗争导致了韩国的动荡和衰落，从而使其在战国七雄的争斗中始终处于劣势，在夹缝中求生存。韩国的地理位置在当时也处于劣势，它处在黄河中游，东部、北部有魏，西秦南楚，空间狭小，"摄乎大国之间"，迫于生存和形势都只好依附秦国，从而"事秦三十余年"。从公元前403年韩国被册封为诸侯国后，据《史记》记载，韩国经受了秦国20多次的进攻，遭遇了魏国4次进攻，在那个战争频繁的年代，韩国平均每四年就要参加一次战争，而且基本都是以战败告终。而秦国的目标是一统天下群雄，这样一来，堵在秦国函谷关前的韩国首当其冲，其灭亡只是早晚的事。当时列国的形势，齐国已无力与强秦抗衡，楚国在楚怀王兵败之后也一蹶不振，唯一能稍微抗衡的只有赵国。赵国名将李牧与秦军作战，一再大败秦军，所以深受秦国带来的亡国威胁的这些国家可以说都一方面希望赵国能够凭借一己之力抗秦，另一方面也希望把本国的战火引向赵国。韩非子在给秦王上书存韩时，就一再地劝说秦王能够将火力对准赵国。

公元前246年，韩国派自己国家的水利专家郑国为间谍，游说秦国在泾、洛间修建一大型的灌溉渠道。工程修了一半的时候，秦国的上层们才回过味来，看出了韩国派郑国修工程的目的在于弱秦、疲秦，于是准备停掉工程，并杀掉郑国，驱逐国内的别国人士。郑国以"始臣为间，然渠成亦秦之利也。臣为韩延数岁之命，而为秦建万世之功"❶ 的理由而免被杀，而秦国的外国人士也因为李斯的《谏逐客令》而并未被驱逐。结果是韩国的间谍计划，伟大的水利工程"郑国渠"反倒使关中地区成为沃野良田，间接成为秦国统一天下的一大助力。同样地，韩非作为秦始皇欣赏的学者在来到秦国以后并未被重用，且最后

---

❶ 司马迁. 史记 [M]. 北京：中华书局，1959：143.

落得身死的下场，也与当时秦国国内由于"郑国渠"事件所引发的群情和舆论有关。

公元前237年，李斯劝说秦王"取韩"。韩非子上书提出"存韩伐赵"的策略，在《韩非子·存韩》中他游说道："韩秦关系亲密，伐韩会为渊驱鱼，促韩投魏，且伐韩非一日之功，耗费大，划不来，试图将战火引到秦、赵之间以避免秦国伐韩。"可惜，他的设想在秦国当时一统天下的决心面前毫无意义，他保存韩国的真实目的和意图更是被李斯识破，且导致自己被囚杀。

二、说说李斯

李斯，战国末楚国上蔡（今河南省驻马店市上蔡县）人。要了解他，先来看他留下的两个著名典故。一是观鼠有感。司马迁在《史记》中记载，李斯为小吏时，看到厕所里的老鼠，见人、狗来了都赶快逃；而米仓里的老鼠则吃得又大又肥，在米堆中嬉戏，没有人、狗带来的惊恐。于是感慨："一个人有没有出息，就如同老鼠一样，是由自己所处的环境决定的。"二是黄犬之叹。李斯上刑场时对二儿子说："我想和你再牵着黄犬，到上蔡东门追逐狡兔，还能这样吗？"父子相哭，被灭三族。这两个典故，是他的开始和结束。

我们可以再详细看一下他的一生。年轻时，李斯想飞黄腾达，辞去小吏，到齐国拜荀卿为师，之后，经过对各国情况进行分析比较，决定到秦国去。初为秦相吕不韦舍人，当上小官后有机会接近秦王。一次他对秦王说："凡是干成事业的人，都必须要抓住时机。自秦孝公以来，周天子彻底衰落下来，现在秦国力量强大，大王贤德，消灭六国如同扫除灶上的灰尘那样容易，现在是统一天下的最好时机，千万不能错过。"同时，李斯给秦王的各项献计，不管是离间各国君臣之计，还是"先灭韩，以恐他国"的吞并顺序，都为秦王所接受，先后提拔他为长史（幕僚长、秘书长）、为客卿（本国做官的外国人，在秦爵为左庶长）。

自从水利专家郑国真正的身份是韩国间谍一事起，秦国王公大臣皆奏请秦王下逐客令，逐客令主要针对那些秦国国内的外国人，李斯也在被逐之列，于是他上书《谏逐客书》。书中举例说秦穆公用百里奚等五位非秦之人，孝公用商鞅，秦惠王用张仪拆散了六国的合纵，秦昭王用范雎而成帝业。秦国的这几位先王全都是由于任用客卿，使得秦国一步步走向繁荣。假如这些先王们当年也秉持着如今的这种思想下令逐客，只会使秦国无法获得富利之实，更加无法获得强大之名。秦王嬴政看到李斯的《谏逐客令》深以为然，宣布取消逐客令，李斯仍然受到重用，并被封为廷尉。

公元前221年，李斯任丞相，常随秦始皇巡行。其主张禁私学，废《诗》、《书》、六国史记及"百家语"（先秦诸子），又以小篆为标准，整理文字。秦始皇驾崩后，李斯与赵高假诏迫扶苏自杀，立胡亥为帝。二世徭役太重，李斯等劝其停建阿房宫，减徭役。当时，秦二世正宴饮作乐，见上书怒，下令下狱，其在狱中的上书都被赵高扣留。后赵高又说李斯与儿子李由谋反，对其刑讯逼供。李斯被迫承认谋反，在秦二世二年七月被腰斩于咸阳，夷灭三族。

三、爱国者

韩非子的思想和他的学说是秦始皇摒弃儒家，并进一步实行君主专制的理论源泉，是秦最终灭掉六国并实现大一统的理论根基，就算是李斯也不得不称他的学说为"圣人之术"。他的思想的实践性直接构建了一个新的时代，秉承他的思想，秦王十二年后统一六国，成为千古一帝秦始皇。后人尊韩非子的书为《韩非子》。而作为秦王所欣赏的学者，事秦的同时又时刻不忘自己的祖国，终为自己的人生埋下悲剧的伏笔。事韩还是事秦，爱国者还是叛国者，这是有关韩非子的争论，也是他悲剧人生的根源和矛盾所在。

这里，我们认为，韩非子肯定是一个始终"为韩"的爱国者，他在秦国时游说秦王存韩，才被李斯利用，用他的身份给秦王进言，导致了他的直接入狱。当时在韩国国内占据话语权的是公仲、公叔等保守贵族势力，新旧势力不断斗争，而韩非自称孤臣孽子，在统治者那里频遭冷遇，是一个游走于政治边缘的人物，那他的爱国和存韩上书，真的如李斯所言，是捞取政治的资本吗？从《韩非子·存韩》篇我们可以看出，韩非是怀着一种孤绝愤懑的心情先给韩王上书，韩王并未采信，并将他作为一种"和亲"工具打包送到秦王那里，眼见着秦国上下一心求统一，他对祖国的担忧之情再也无法按捺，所以给秦王上书，试图用自己的言辞打动秦王，让韩国在一段时间内不用承受强秦的战争之苦。

韩非子的文字中确有不少对于秦国政治的赞美，但这并不能说韩非就是事秦者，他与李斯这些为秦谋划的他国人有本质的区别。首先，韩非子踏上秦国的土地并不是自觉自愿地去推销自己的学问，而是秦王读到韩非子那些写给韩国统治者的文字后，通过威胁韩国而得到的政治战利品。韩非子并不是成熟的谋士，他也从未真正取信于秦王。其次，韩非子在给秦王的上书中不断提出伐韩的危害，另外又不断游说秦国去进攻赵国。他还在一定程度上夸大了韩国的国力和战力，这是与当时的韩国国情不相符的，韩国在当时奸佞横行，根本不可能"主辱臣苦，上下相与同忧"，他的苦心孤诣，也只是为了存韩。最后，韩非子在他的文章里多处都赞美了忠臣的"忠"，他对伊尹、管仲的赞美，他所谓的"故有忠臣者，外无敌国之患，内无乱臣之忧，长安于天下"，也是他自己的政治理想，他期望能够在韩国推行他的政治主张，除奸除恶，使韩国这个自己的母国能够强大起来。李斯戳破了他的真实想法，并进谗言使其入狱，最终杀害了他。韩非子的悲剧是时代的悲剧，他作为韩国人无法在那个时代将自己的政治理想与保存韩国两全，这是他的矛盾，也是时代的矛盾。

第二章 《韩非子》是什么书？

第一节 怎样的书？

一、《韩非子》是谁编的？

《韩非子》这本书在宋以前是以《韩子》之名而存世的，宋代以来，因韩愈被称"韩子"之故而改称为《韩非子》。《韩非子》是韩非子本人著成后就集中编汇而成，还是像《论语》一样由其弟子们汇编而成呢？或者还有其他的编者吗？

从秦始皇对韩非子思想的赞叹以及秦二世、李斯等人引用韩非子言论的史料中可以看出，韩非子的文章在他生前就具有了很大的影响力，他为了给韩王进言而撰写的大量文章应该是都保留在了我们今天所看到的《韩非子》一书中。按照《四库全书》的说法，在韩非子生前，他的文章还没有被成体系地进行整理汇编，这项工作在他死后由他的学生们整理汇编，不过这时的整理汇编成果还不是我们今天看到的全部篇章。到了秦始皇统一六国建立大一统时，韩非子的思想在秦国的治理和决策中发挥了重要的作用，秦王朝非常重视韩非子的思想，秦国的皇家图书机构专门对韩非子的思想进行了更加全面系统的汇编，李斯也参与了这项工作。所以我们可以看到，韩非子向秦王上书的篇章《存韩》和被很多学者认为并非韩非子亲著的篇章《初见秦》都在这一时期被收录进《韩非子》一书中。

《韩非子》体系的完备和成熟则是归功于汉代的刘向。刘向校录了《韩非子》一书，并且从他这里开始《韩非子》的篇幅为五十五篇，与我们今天看到的体例基本一致。这里值得一提的是，刘向在《韩非子》一书中保留了旧有的《初见秦》篇，同时又将该篇编入《战国策》中，将其作为张仪的作品。为什么同样的一篇文章会有两个不同的作者？是刘向的笔误吗？其实这里更应该看作是中国史学家对作品和史料的严谨态度，刘向在自己无法完全证实这篇文章的作者是谁的情况下，将两个作者都放在这里，等待后人的验证和评说。这种严谨的态度我们从司马迁在《史记》中罗列数个老子的名号中也可以得到验

> 《韩非子》的智慧

证，同样的情况，司马迁也无法证实哪一个是作为《道德经》作者的老子，干脆都写出了，留待后人的考证。

二、跟韩非子学写作

现存《韩非子》一书，五十五篇，十余万言，其文字冷峻峭拔，咄咄逼人，文学界给予了其较高的评价。郭沫若称赞说："孟文的犀利，庄文的恣肆，荀文的浑厚，韩文的峻峭，单拿文章来讲，实在是各有千秋。"[1] 在詹安泰等人主编的《中国文学史》中也认为韩非子与孟、庄、荀"可以称作战国文学的四大家"。韩非子文章论点明确、论据充分、说理透彻、举例生动，实是我们写文章应该学习的典范。如何将严肃的学术论文写得美好，让人读后感觉舒适，具有学术性和文学性的双重美感，是我们要向韩非子学习的地方。

韩非子与先秦其他各家少用排比不同，他与老子一样，都善用排比，且喜用排比的句式突出他行文的层次感。老子《道德经》中有大量的对偶排比句式，凸显了汉字以及老子辩证思想的独特魅力。韩非子这个被司马迁称为"归本于黄老"的集大成者，也继承了老子的文风，他的文章大量运用层层递进的排比句式，甚至比老子文章中的句子更加完整和丰富。比如，"天下有信数三：一曰智有所不能立，二曰力有所不能举，三曰强有所不能胜"。他的文章被学者誉为后世骈文的先导，但又不像后世骈文那样走入辞藻堆砌的空洞范式，他从辩证的角度来阐述自己的论点，最后再给以总结性的洞见，使文章思路开阔的同时兼具文学性。

韩非子的文章还喜欢用比喻，《文心雕龙》中说："韩非著博喻之富"。比喻最大的优点在于能将抽象的理论变得清晰生动、深入浅出，文章生动的哲学家往往都善用比喻。关于比喻的妙处，在《说苑·善说》中用先秦惠施的一个故事生动地给予了说明。

客谓梁王曰："惠子之言事也，善譬。王使无譬，则不能言矣。"王曰："诺。"明日见，谓惠子曰："愿先生言事则直言耳，无譬也。"惠子曰："今有人于此而不知弹者，曰：'弹之状何若？'应曰：'弹之状若弹。'则谕乎？"王曰："未谕也。""于是更应曰：'弹之状如弓，而以竹为弦。'则知乎？"王曰："可知矣。"惠子曰："夫说者固以其所知

---

[1] 郭沫若. 郭沫若集 [M]. 北京：人民出版社，1982：386.

谕其所不知，而使人知之。今王曰'无譬'，则不可矣。"王曰："善。"

先秦诸子都是善用比喻的人，他们需要借助这种方式让自己的理论得到更多人的理解和认可，这种生动活泼的方法最容易把晦涩难懂的理论知识形象化地表达出来，从而使听众快速理解和领会自己的说理。被冠以博喻的韩非子在文中大量采用比喻的手法来说理，往往一个理论要用大量比喻，因而被称为博喻。韩非子的比喻还喜欢从日常生活中找素材，他巧妙地运用人们日常所见的很多形象说明抽象的理论，例如《观行》中的"乌获轻千钧而重其身"，人人都明白再强悍的勇士也无法把自己提起来的道理，这种常识性的比喻使他的说理更具有说服力，是我们写文、论文时需要学习的地方。

三、如何理解《韩非子》的寓言故事？

"寓言"一词最早出现于《庄子·寓言篇》："寓言十九，藉外论之。"藉，假借，也就是假借他人之说或他物来阐述自己，是语言的一种表达方式或修辞方法。我们在前面提到，韩非子善用比喻的方式来表达自己的理论，而比喻论证的过程中所用到的各种各样的故事，则是寓言。先秦诸子善用寓言者以庄子为最，与庄子相比，韩非子并不以想象力见长，他的寓言故事现实意味更浓，通过对历史故事和人物的加工，来借喻自己的思想。《韩非子》一书包含各种故事三百多个，尤其以《说林》和《内外储说》为最，《说林》上下篇包含68个寓言故事，《内外储说》则包含207个寓言故事。将寓言故事有系统地整理在集中的篇章里，这是其他诸子所没有的，可以看出韩非子对寓言作用的认识，并有意识地收集和改编，并创作寓言故事。

韩非子偏爱从历史故事和现实故事中取材，他的寓言具有前所未有的现实意味，这些故事最主要呈现为"说"和"喻"这两种文学形态。韩非作品中寓言最为集中的《说林》和《内外储说》都是以"说"来命名，"说"在这里带有说明、说理的涵义，意为"广说诸事，其多若林"之意。将这种带有说理性质的故事集中到一起，组成寓言故事群，这是《说林》和《内外储说》的基本结构。

韩非子的《喻老》是他寓言故事的又一典型代表。借喻来解读老子的思想，通过一个一个加工过的寓言故事来注解《老子》，这种方式无疑是新鲜而特别的。这种用借喻、寄寓的方式所要表达的是道理，而不是寓言故事本身，所以这里用到的很多寓言故事与我们在其他先秦诸子的文章中看到的故事有很大区别，人物与我们在其他史料中看到的人物也完全不同，是韩非子加工过的史料。鉴于此，我们在阅读《韩非子》中的寓言故事时，一定要脱离史料本身，挖掘韩非子的论点，再通过这些寓言故事所要表达的文中之意来理解论点，这是我们学习《韩非子》文本和理解韩非子本人思想的前提。

第二节　道家还是法家？

任何伟大的思想都是受惠于前人而又施惠于后人。韩非子被称为"法家的集大成者"，其思想的集大成之处在于他能总结前人又升华前人，他既吸收了老子的"道法"思想，又渊源于荀子的"理（礼）法"思想，更将前法家的思想凝练，萃取出"法术势"相结合的理论体系，既是集大成者，更是超越者。他的学说，可以概括为道、理、法、术、势五个字，这自然不是无源之水、无本之木，所以先要寻根问源。

一、韩非子跟老子学了什么？

司马迁在《史记》中将老子和韩非子放在一起作传，而且还说"其归本于黄老"。李泽厚在他的《中国古代思想史论》中也专章"孙老韩合说"，他认为法家接过了《老子》政治层的"无为"含义上的人君南面术，并把它改造为进行赤裸裸统治压迫的政治理论，他将韩非子称为"道法家"中的大人物。韩非子有两篇很重要的理论文章《喻老》和《解老》，他是历史上第一个解读老子的人，他的解读能让我们更深入地了解老子思想的具体运用，也能更好地了解韩非子思想的来龙去脉，所以后面我们将对他的这两篇文章进行专门的解读，以更好地了解作为道法家的韩非子。

《解老》《喻老》二篇为道家经典《老子》的重要注解与阐释著作。韩非子在解释老子的思想的过程中，阐述了自己的理念。说起来，先秦法家本为极其凌厉之学问，多有真切喜人之处。凌厉之法家与道家本一脉相承，故学者有"道生法"一说。而韩非子"喜刑名法术之学，而其归本于黄老"。《喻老》篇用二十五则历史故事和民间传说分别解释了《老子》十二章，其中《德经》八章、《道经》四章，使《老子》抽象的哲学思想得到了具体可感的呈现，在中国哲学史和训诂学史上起着发凡起例的作用，同时也使他的刑名法术之学有了比较精深的理论凭借。《解老》篇主要讲的是"德",文中的"德"的意思有自身以及才德等,不同的语境有着不同的意思,但万变不离其宗,天地万物遵其规律,都离不开"德"。韩非子著的《解老》对后世影响极大,为道家思想的发展奠定了基础,也为法家思想中精华的形成做出了重要贡献。

老子的道论思想是老子整个思想的核心。"道常无名,朴……始制有名","有物混成,先天地生","人法地,地法天,天法道,道法自然","大道废,有仁义;智慧出,有大伪;六亲不和,有孝慈;国家昏乱,有忠臣"。老子这些道论思想向我们展示了老子所认为的道,它是万物的本体,而又无所不在,它有"无名""自然"的特点。同时,老子的道论思想是以无为思想和规律思想为依托的,是一个不可分割的整体。无为也就是无为而治,"圣人处无为之事,行不言之教,万物作而不辞,生而不有,为而不恃,功成而弗居,夫唯弗居,是以不去","是以圣人为而不恃,功成而弗居",老子认为在上者应该无为而治,不但要对待人民如此,更要从内心里真正有无为的思想和意识。他还认为,只有君主主动愿意处于臣下之下,不与民争,这样臣民在君主面前才不会惶恐不安,这样不争的结果自然就会"无不为",从而得到很多东西。老子的思想中有关规律的描述和把握是很深刻的。一方面,他谈到了规律的相辅相成、互为依托,带有辩证法的思想,"有无相生,难易相成,长短相形,高下相倾,音声相和,前后相随。"另一方面,他也认识到事物的两面性,认识到物极必反的道理,"祸兮,福之所倚;福兮,祸之所伏,孰知其极?"❶

韩非子对老子思想的继承主要表现在以下几个方面:

第一,韩非子继承了老子的"道论"思想。他认同对儒家那一套仁、义、礼、乐所代表的道德伦理体系进行彻底的批判,同时对其进行了一定的改造。他提出自己的道论主张,认为道只不过是理的更高层次的说法,道的原则决定了理的表现形式。

第二,韩非子还发展了老子的"无为"思想。他将这种无为思想发挥在君臣关系中,进一步丰富了其"执二柄以御臣下"的思想。正是君主对"无为"思想的贯彻,只要君主能够掌握赏和罚的艺术,其他的则任由群臣所为,这样才能真正地了解臣下的心理,既而达到对臣子的控制,再进一步由臣子而达到对民众的控制。

---

❶ 王弼注. 楼宇烈校释. 老子道德经注校释. 五十八章 [M]. 北京:中华书局,2008:151.

▶ 《韩非子》的智慧

第三，韩非子在继承老子规律思想的同时，也将其充分发挥在自己的哲学思想中。相辅相成的辩证关系表现在君臣关系中同样是相互依赖又冲突不断的。而物极必反的顾虑则又为韩非子"国无常强，无常弱，奉法强者国强，奉法弱者国弱"的理论服务。

韩非子对老子"道"的概念继承，韩非子"道法"理论的建立，使我们不自觉地就会将其与西方的自然法联系在一起。西方自然法的概念，缘于与人定法的区分。古罗马的法学家盖尤斯认为，自然法是"根据自然的道理而产生的"。[1] 亚里士多德也认为，自然法是有关自然存在的秩序的法律。而这里我们可以看到，"道"这个概念很接近西方人所谓的秩序。所以也就可以看出，在西方人那里代表永恒普遍的自然法，它所具有的特征也是韩非子的"道法"所具有的。我们有理由相信，这两个概念具有一定的可比性和对应性。

二、韩非子跟荀子学了什么？

韩非子作为荀子的弟子这一观点，在学界得到了普遍的认可，虽然郭沫若等人对此还有一定质疑，但郭也承认韩非子是荀子理论上的继承者。荀子是战国末期的大儒，他的思想于他在世时就产生了很大的影响。司马迁说："齐襄王时，而荀卿最为老师。"三为稷下学宫的祭酒，荀子是当时思想界的泰山北斗。他的影响力还在于他拥有一批著名的学生，韩非子、李斯也是当时大名鼎鼎的人物。韩非子的思想虽然受荀子影响颇深，但他最终还是由老师的"儒"转入了"法"，成为法家的代表人物。

韩非子对荀子思想的继承，包含以下四个方面的内容。

第一，韩非子继承了荀子"人性恶"的观点。荀子认为："人之性恶，其善者伪也。"他认为人生来就有欲望，正是因为这些欲望，促使人在得不到满足的时候进行抢夺，而那些邪恶的念头就是这样产生的。同样，人生来就有趋利避害的本性，这也正是人欲望的体现。荀子认为"人性恶"包含三方面内容：一是"生而有好利"，也就是说人生下来就是好利的，人们都是贪利、爱财的；二是"有好声色焉"，也就是说人生来就有好色之心；三是"生而有疾恶"，即人生来就喜欢猜忌，有嫉妒之心。韩非子直接吸收了荀子的这种观点，深刻剖析了人的本性，认为趋利避害是人之常情，而医生吮吸患者的伤口也是利益

---

[1] 盖尤斯. 法学阶梯. 北京：商务印书馆，1984：47.

驱动下的行为。而韩非子的"法"哲学理论就是在这个基础上提出来的，是对人性的一种限制和约束。可以说，韩非子更加强调"好利"这种人之恶性，并以此来构建自己的理论体系。荀子和韩非子都以"人性恶"为出发点，却得出了两个不同的结论，这也正是儒家和法家的根本区别之处。荀子认为"人性恶"，所以我们要"必将有师法之化，礼义之道，然后出于辞让，合于文理，而归于治"。所以荀子认为教化的作用尤其重要，要"化师法，积文学，道礼义"。韩非子则不同，他从"人性恶"的观点出发，认为这样更明确了法律的重要性，更需要用严刑峻法去保障社会的安定。

第二，韩非子继承了荀子的天命观。荀子认为人类的天性是恶的，也是不相信天命的，这是针对当时的社会环境发出的不同的声音。殷周以来，统治者都把祭祀、占卜看作国家的头等大事，荀子对此却进行了激烈的批判。他在《天论》一文中说到："雩为雨，何也？曰：无何也，犹不雩而雨也；日月食而救之，天旱而雩，卜筮然后决大事，非以为得求也，以文之也；故君子以为文，而百姓以为神；以为文则吉，以为神则凶"（《天论》）。荀子还对从人相貌推断人的吉凶祸福这种做法进行了无情的批判，他举了古代很多名人的相貌特点，对这种说法给予了严厉的反驳。而韩非子在这一基础上提出其法治理论。既然人性本恶又不信天，如此无所畏惧只会让人走上邪恶犯罪的道路，所以法治是必须的。韩非子还继承了老师的"制天命而用之"，提倡人们去认识自然，从而改造自然。

第三，韩非子继承了荀子有关"法"的四个方面的内容。其一，"法后王，一制度"，也就是说法要前后一致；其二，"法无所凝止之，则奸言并至"，即法要有一定稳定性；其三，"上宣明则下置办"，也就是说法要公开公平地传达给每一个人；其四，"令行禁止，王者事"，也就是强调法的严肃性。

第四，韩非子的法的思想，是在儒家"礼"的基础上发展而来的。荀子比孟子更为重视礼，他著有《礼论》，论证了"礼"的起源和社会作用。他认为，"礼"的力量来自"理"，"礼"包含了"理"，"理"成了"礼"的一部分。"礼也者，理之不可易者也"。也就是说，理是脱胎于礼的。荀子强调礼法并重，但又认为礼是法的前提，认为礼是根本，礼为重，法为轻。

韩非子对荀子"礼"的思想的继承直接促进了他的"礼法"思想的形成。理是不同于道的，道指的是自然界的总规律，而理则是指世间万物的规律，是一物异于他物的原因。我们要认识万事万物，要通过行动取得成功，这都是必须要懂得的道理。这也就是说，我们一定要依照客观规律和方法办事，才能事半功倍，取得良好的效果。

韩非子的哲学思想是以老子之学为代表的"道—法"思想体系和以荀子为代表的"礼—法"思想体系共同作用的结果。老子所代表的思想从哲学基础层面奠定了韩非子哲学思想的核心。他们的"道生法""因道全法"是"道—法"体系的理论源泉，为韩非子"道—法"体系的形成打下了坚实的基础。荀子的"礼—法"体系则全然不同于"道—法"体系，他的法是与儒家所推崇的礼制相结合的。荀子虽然继承了孔子的礼制思想，但是出于现实社会"礼崩乐坏"的需要，这就必须在礼制之外再辅以法治。"礼—法"体系也是韩非子哲学思想的一个源泉。但是，我们应该看到，韩非子思想从根本上应该归于"道—法"体系，但又不能用"道—法"体系完全加以概括，仍是"道—法"体系和"理—法"体系共同作用的结果。

三、韩非子跟法家学了什么？

韩非子在他的《定法》中用一段话充分说明了他与前法家的关系，以及他"法术势"思想体系的形成过程："今申不害言术，而公孙鞅为法，术者，因任而授官，循名而责实，操生杀之柄，课群臣之能者也，此人主之所执也；法者，宪令著于官府，刑罚必于民心，赏存乎慎法，而罚加乎奸令者也，此臣之所师也；君无术则弊于上，臣无法则乱于下，此不可一无，皆帝王之具也。"由此可见，韩非子认为不管是申不害的术还是商鞅的法，甚而包括慎到的势，都是片面、不完整的，而只有他才将三者结合在了一起，形成了有别与他人的全面的理论。

首先，韩非子对申不害、商鞅、慎到这三人的理论是肯定的，认为他们的理论是不可缺少的帝王统治臣下的工具。同时，他更是提出将法、术、势三者紧密结合起来，才能发挥巨大的作用，才能将三者的优势发挥到极致。同样地，韩非子也对商鞅、申不害、慎到只强调一方面而忽视另一方面的做法提出了批评，认为申不害只知道强调术而忽视其他，而商鞅则只一味强调法而忽视其他，慎到则是对势的推崇使其忽略了其他，这样都是不智的。韩非子无情地揭露了商君之法的偏颇和幼稚，指出商君之法在当时的情况下只一味强调法治，妄图用法治去限制昏君和奸臣的行为，这样只能是导致法治作用的削弱，甚至完全丧失。他认为商鞅在秦国推行法治，厚赏重刑，设连坐等刑罚，以重刑而治世，虽然起到了法治的作用，一时之间举国无可罚者，但重刑却使民力得到很大的消耗。商鞅将刑作为其思想的核心，认为德生于刑，刑能生力，归根结底刑才是一切的源头，德和力都只是它的衍生物。这种对刑的绝对地位的维护是为其重刑思想服务的。韩非子并不认同商鞅的这种观点，在他那里，德和刑是君王御下的两个同样重要的手段。商君之法没有看到在当时的社会中，王权和法治必然会产生冲突，只有在加强王权的同时辅以法治才能达到更理想的效果，这也就是说，只有将法术势三者紧密结合，才能达到最根本的目的。

其次，韩非子也批判了单纯的术治。申不害单纯强调术的重要性，他在韩国辅佐韩昭侯时，没有注意到韩国复杂的社会情况，在韩国国内源于晋的旧法还没有完全清除的情况下，又颁行新法，而且把新法的推行与旧法混杂在一块儿，使得法令并没有得到好的执行，那么他的术治再完美也无法达到理想的效果，反而使得奸佞辈出、罪恶滋生。这就说明，没有坚强的法治做后盾，再多的术也是枉然。帝王进行统治时，如果只有术作为御下的工具，那将根本无法遏制腐败的滋生和蔓延，只会给其提供温床，让奸佞之臣日渐得势，终有一天会将整个统治拖垮，无法生还。还有一点，术治运用不当或过量就会产生阴谋，而阴谋一旦失去控制，同样会导致亡国灭族的危险发生。

最后，韩非子也批评了单纯势治。慎到主张君主充分利用"势"，他认为君主要实现对民众的治理，并不在于其德而在于其势，所以他说："尧为匹夫不能治三人，而桀为天子能乱天下，吾以此知势位之足恃，而贤智之不足慕也。"在他眼里即便是尧舜这样的贤者，没有"势"也无法发挥作用。慎到的观点清晰地表明了对于势治和贤治的立场。韩非子也不同意用贤治代替势治，但也不满足于单纯势治的论点。他将慎到的势称为"自然之势"，这样就必然存在风险性，假若得势的是贤者则必然会产生好的影响，但是一旦得势者是奸佞邪妄之辈，则必将导致无法挽回的局面，这是韩非子看到的势治的弱点。所以，韩非子主张"人造之势"，并且认为大部分人是处于尧舜和桀纣之间的"中人"，而且要将这些"中人"改造成尧舜那样的贤者也是不可能的，只能通过一定的手段为这些"中人"设计统治方案。这种统治方案也就是所谓的"人造之势"，或者说，就是将法治和势治结合起来，从而弥补势治的不足。

由上我们可以看到，韩非子认为，"法、术、势"三者能够互相弥补不足，且互相需要，只单纯讲某一方面只会陷入狭隘，走入死胡同。这三者被韩非子看作缺一不可的帝王之具，韩非子对三者进行了全面阐释。我们应该看到，在"法、术、势"三者中，"法"

是核心,"术"和"势"都是为法服务的。并非像有些学者所说的那样,三者没有中心。这三者是紧密围绕"法"展开的,"法"既是根本,也是核心。这里所说的"法"并非单纯意义的刑罚或条文,而是指上升到哲学理论层面的"法"。同样,在这里我们也应该看到,韩非子对申不害、商鞅、慎到这三人的继承也并非简单的综合,而是对其进行哲学层面的升华,他将"法、术、势"这三个概念在充分糅合的基础上,构建了完整的理论体系,并将其由器入道,上升到哲学的高度。

第三章 《韩非子》说了什么？

这里的"说"有两层涵义，一是学说，二是文体。前面我们已经讲了他的文体，再来讲一讲他的学说。韩非子的学说，也就是他的主要思想是从五个方面来构建的："道""理""法""术""势"。韩非子思想是建立在"道—法"体系基础之上的，是将"道""理"两个概念结合而构建的思想体系。"道""理"是韩非子整个思想的根源和基点，是韩非子构建其思想体系的出发点。"法""术""势"是韩非子思想的血肉之躯，是构成他整个思想体系的内容。要充分了解韩非子的思想就必须对这些概念有一个清晰的认识，并能把握它们之间的关系，以及它们在韩非子思想中的作用和意义。

第一节 讲"道理"的韩非子

"道""理"既是韩非子整个"法"哲学思想的根源和基点，也是他构建其哲学体系的出发点和前提。"道"是世间万物运行的总规律，是指导万事万物发展的总原则。"理"是世间万物具体表现的根据，世间万物都有各自的"理"，这些事物因为"理"的存在而千差万别。

一、道

在韩非子的思想中，"道"是根本概念，也是最高概念。当然，不仅仅是韩非子的思想，即便是在整个中国的思想史中，"道"都堪称最高概念。金岳霖就认为，中国思想中最崇高的概念似乎是"道"。不道之"道"，各家所欲言而不能尽的"道"，国人对之油然而生敬仰之心的"道"，万事万物之所不得不由、不得不依、不得不归的"道"才是中国人思想中最崇高的概念。

翻开《辞海》，我们会发现，"道"最早指的是人行之路，后来才根据天体运行的规律引申出天道这个含义。在中国哲学中率先提出"道"这个概念的是老子。在老子那里，"道"是宇宙万物的本源，是最高意义上的概念，是产生世间万物的本源："道生一，一

《韩非子》的智慧

生二，二生三，三生万物。""道"是世间万物的总规律，它"独立而不改，周行而不殆"，即高于世间万物而存在，也高于人类社会而存在，是推动人类社会向前发展的力量。老子的"道"也是一个高于神的概念，它无时不有，无处不在，是世间万物的主宰。其实，我们从老子的描述中可以看出，"道"其实更多的是指一种自然规律，这种规律支配了我们生活中的一切客观实在，即使人类社会也要服从它的支配。在老子看来，这种自然规律是只能服从不能改变的，是不依他物的根本存在。

韩非子充分继承了老子"道"的观念，又赋予其更丰富的内容。

首先，韩非子也认为"道"是世间万物的根源。"道者，万物之始，是非之纪也；是以明君守始，以知万物之源，治纪以知善败之端"，也就是说，"道"是一切事物的本源，是万事万物得以产生的根本："天得之以高，地得之以藏，维斗得之以成其威，日月得之以恒其光，宇宙之内，恃之以成。""道"这个作为最高本体的概念，在韩非子那里成为了宇宙万物生存的根本。

其次，韩非子所说的"道"弘大无形、无法捉摸，我们只能从它与其他事物接触时的对比中而对其有一个大致的感觉。他在《解老》一篇中这样描述道："以为近乎，游于四极；以为远乎，常在吾侧；以为暗乎，其光昭昭；以为明乎，其物冥冥。"也就是说"道"是无形的，也是无法捉摸的，它有可能存在于天地日月这样巨大的形体中，有可能离你很远，也有可能就在你身畔。

再次，韩非子所认为的"道"自身是变化莫测的，也影响着天地间他物的变化。他认为，"道"处于不断变化之中，这是由于"道"尽稽万物之理，而万物又各异理，万物不断变化，所以"道"也就处于不断变化之中。它没有永恒的状态，它主导了万物的变化，万事的兴衰，它的这种变化我们是无法用肉眼看到的，只能通过万事万物的变化来感觉。"道"是世界一切事物运行的总规律，主导着宇宙内外的变化发展。

最后，韩非子还赋予了"道"另一层意义，可以说是政治社会层面的意义。韩非子在描述这种意义时，多在"道"前面带有一定的定语，如"明主之道"，"明主之道，必明于公私之分，明法制，去私恩"；"明主之道忠法"；"明主之道，一人不兼官，一官不兼事，卑贱不待尊贵而进论，大臣不因左右而见；百官修通，群臣辐凑；有赏者君见其功，有罚者君知其罪"；"明君之道，使智者尽其虑而君因以断事，故君不穷于智，贤者敕其材，君因以任之，故君不穷于能"。我们可以看出，他这里的"道"带有统治原则和政治根本的意义。

韩非子与老子之"道"的不同，其根本在于两个方面：

第一个方面在于韩非子将"道"和"理"联系在了一起。《韩非子·解老》一篇对"道"和"理"的关系给予了清晰的解答："道者，万物之所然也，万理之所稽也；理者，成物之文也；道者，万物之所以成也……万物各异理而道尽……凡道之情，不制不形，柔弱随时，与理相应；万物得之以死，得之以生；万事得之以败，得之以成……凡理者，方圆、短长、粗靡、坚脆之分也，故理定而后物可得道也；故定理有存亡，有死生，有盛衰；失物之一存一亡，乍死乍生，初盛而后衰者，不可谓常；唯夫与天地之剖判也俱生，至天地之消散也不死不衰者谓常；而常者，无攸易，无定理。"这是对"道""理"关系作出的最经典的阐释，只有在此基础上进行分析，才能明确韩非子"道"的概念的内涵。同时，韩非子还将"道"的概念与"德"相联系，认为"德"是由"道"内化而成的，与人的精气相关。韩非子扩充了老子"上德不德，是以有德；下德不失德，是以无德"的理论，进一步提出人的精气为"德"的观点。人对精气的积累是为了固定他的"德"，而"德"的固定则是遵"道"而为。

第二个方面在于韩非子将"道"的概念引申到了政治统治的层面，将"道"所代表的自然界必须遵守的规律，进一步发展为社会必须遵守的规律——"法"。他将"道"作为自己政治统治理论的依据，把其引入人类社会生活，也就自然而然地引出了"法"这个概念。韩非子对老子"道"的概念的继承切中了"道"中的精髓，阐释了"道"无形无状、既大又小、变化莫测而又影响宇宙万物运行的根本特点。在韩非子那里，"道"既是可以依托外物而显现的实体，又是无形无相的超感知的存在体。所以，"道"这个永恒发展的指导万事万物的规律，就带有普遍性的特点。"道"如果可以被称为万事万物的总规律，那么"法"就是人类行为的原则和限定，"法"源于"道"，"道"是"法"的根本。"法"作为保障人类社会秩序的规则，它的作用根源于"道"。如果自然界缺少了"道"就不称其为自然界，那么人类社会没有了"法"也会陷入一片混乱。"法"源于"道"，法的确定性源于"道静"。韩非子由"道静"推出"法静"的概念，主张"治大国而数变法则民苦之，是以有道之君贵静，不重变法。"也就是说，"道静"就要求"法"要有稳定性和确定性。而"法"的公正也源自"道"的公正。因此，我们可以说，韩非子"法"的理论是从"道"中获得的，"道"是"法"的根本，这是韩非子整个哲学思想的基点。

二、理

钱穆在论"理"这一概念的起源时说到:"中国古代思想重视道,中国后代思想重视理;大抵东汉以前重讲道,而汉以后重讲理。"接下来他又说,"开始特别提出'理'一字,使之成为中国思想史上一突出观念,成为中国思想史上一重要讨论的发起者,其事始于三国时王弼"。[1] 钱穆前半句的论断是正确的,而后半句的论断则大有问题。中国最早提出"理"这一概念的是荀子和韩非子。如果说荀子对"理"的把握还比较模糊的话,那么韩非子则明确提出了"理"这一概念。

我们在前面谈到韩非子对荀子思想的继承时,认为韩非子继承荀子"理"的思想,并在此基础上发展了"理(礼)—法"体系。"礼"这个概念古已有之,它代表的是古代社会的典章制度,有夏礼、殷礼、周礼。在儒家的先驱孔子那里,"礼"是周礼的泛称,是周王朝典章制度的总称。孔子穷其一生都在试图恢复周礼。荀子也是儒家学派中比较重视"礼"的人物。荀子专门著有《礼论》一书,阐述了有关"礼"的方方面面。在他看来,"礼"可以指导社会上每个阶层的人都处于合适的位置,"礼"能很好地维持社会秩序的稳定。荀子通过对"礼"的论述,试图恢复"礼"对人的约束作用,从而达到教化百姓的目的。

"理"的本意是指一种玉的纹理,其后引申出治玉的意思。由治玉的意思,"理"又引申出分辨、治理的意思。"理"的这种意思进一步演变,被认为是一种客观规律,具有一定的法的含义。在荀子看来,"礼"的力量来自"理","礼"包含了"理","理"成了"礼"的一部分。"礼也者,理之不可易者也。"也就是说,理是脱胎于礼的。这种思想直接影响了韩非子,使韩非子在此基础上构建了他的"理(礼)法"思想。

韩非子的"理"有以下三层含义:

第一,宇宙万物的千差万别构成了"理"的内容。他认为,"理"是变化的,可以表现为方圆、短长、粗靡、坚脆等各种各样的形态。"理"的差异性构成了事物的各种属性。韩非子将"理"看作万事万物存在的各种特征,宇宙万物都有各自的"理",所以宇宙万物才会各不相同。"理"是事物相互区别的原因,是事物被认识的依据。同

---

[1] 钱穆. 庄老通辩 [M]. 上海:生活.读书.新知三联书店, 2010: 212.

时，"理"也是一事物与他事物相区别的根源。事物因为有"理"才成一事物，才具有该事物的属性。

第二，"理"是认识"道"的途径，是"道"与世间万物产生作用的桥梁。在韩非子看来，"道"是万物生长的根源，是总的原则和规律，"理"是万物的差异性的总和。所以，"道"是根本原则，是大原则，"理"是对"道"的表现。我们可以说，"道"是本原，是规律，是"理"存在的根据，而"理"是事物能够表现出来的原因，是具体事物对道的表现。"道"是事物的最终原因，而"理"是"道"的表现。只有认识了事物的"理"，才能更好地认识"道"。事物既离不开"道"，也离不开"理"，二者都是事物能够存在的根本。

第三，"理"是事物发展必须遵循的原则。这个原则与"道"是不可分割的，是相互联系的有机体。"道"作为宇宙万物存在和发展的本源，它必然隐藏在千差万别的客观事物背后。而这些事物要不断地变化发展，永不停息，这就必然要受到"理"的支配作用。"理"是不能脱离"道"而独立存在的，"道"都含有一定的"理"。"道"和"理"就如同事物的共性与个性，是一般性与特殊性的关系。"理"是万事万物具体表现的原因，是能为人所掌握的规律，也是宇宙万物所必须遵循的规律。对"理"的尊重也就是对"道"的尊重，循"理"办事也就是循"道"办事。我们可以将"理"看作"道"的一种具体表现形式。"道"通过"理"而建立其与万事万物的关系，"理"是韩非子对老子"道"的概念进行充分改造的工具，共同为法的产生提供了理论基础。

韩非子认为"道"和"理"的关系表现为以下四个方面：

第一，"道"是高于"理"的概念，"道"处于宇宙万物总原则的地位，而"理"则是万事万物以各种方式存在的原因。

第二，"道"是总的原则，也是唯一的原则，而"理"则是"道"的千差万别的表现，是众多的。"道"是世间万物的根源，也是唯一的根源，"理"则是世间万物之所以形形色色而存在的原因，代表了丰富多样的世间万物。世间万物都各自有各自的"理"，而"道"只有一个。"理"是万物多样性的原因，"道"是万物同一性的原因。"道"和"理"构成了这个世界之所以存在的本质基础。

第三，"道"是永恒不变的，而"理"是始终变化的。"道"这个永恒存在、永不消失的根本先于世间万物而存在，而又不因世间万物的变化而变化。"道"虽然永远不变，但"理"却是随时随地会发生变化的，它会跟随具体事物的变化而变化，具体事物的发展变化就会引起具体事物的"理"的发展变化。

第四，"道"是一个统一的整体，也是特殊存在的单一个体；而"理"却非单一个体，即使在一个具体事物的"理"中，也存在着内部的矛盾和争斗。"理"存在于各种各样的对立当中，短与长、大与小、方与圆、坚与脆、轻与重、黑与白，这些对立当中都有理的存在。"道"所表现的是平静和单一的，"理"所表现的是斗争和复杂的。"道"使人平静，"理"使人兴奋。

在韩非子那里，我们不光要看到"道"和"理"的差异性，还要看到二者的紧密关系。"道"是"理"的根源，"理"是"道"的表现。没有"道"的理不成其为"理"，没有"理"的"道"也不成其为"道"。二者相互依存、相辅相成，是世间任何事物都不能缺少的根本。

第二节 懂"三角"的韩非子

"法""术""势"代表了韩非子思想的实践层面，在这里我们可以看出，韩非子认为这三个概念是一个不可分割的统一体，共同组成了他哲学思想的可实践性，三者就如同相互依托、相互制约的三个角，共同组成了稳固的三角形，使韩非子的思想体系完备而严谨。

一、法

在探讨这个概念之前，让我们先来看看"法"这个字：

"法"这个字，繁体字是"灋"。按照《说文解字》的意思，具有两方面意思：其一，从左边，平之如水，是刑，最早指盛水之器，引申出公平的意思；其二，从右边，指可以决定曲直的神兽，引申出权威的意思。综合起来，法就带有公平、权威的意思。一般来说，成文法是指立法者颁布并实施的法律。我国最早的成文法是战国时期魏国子产所著的刑书。韩非子"法"的思想是在改造商鞅"法"的思想基础上形成的。

商鞅的"法"包含以下内容：其一，缘法而治。也就是说，一切要依据法律来行事，不得有逾越法律的行为。其二，法无等级。商鞅提出"壹刑"的主张，"所谓壹刑者，刑无等级，自卿相、将军以至大夫、庶人，有不从王令、犯国禁、乱上制者，罪死不赦；有功于前，有败于后，不为损刑；有善于前，有过于后，不为亏法；忠臣孝子有过，必以其数断，守法守职之吏有不行王法者，罪死不赦，刑及三族"。也就是说，凡是法律所规定的，不管贫贱与高低，从臣子到百姓都应面对同样的惩处。其三，德生于刑。商鞅坚决反对儒家"德主刑辅"的主张，他不认同道德对政治统治的作用。他认为虽然道德在一定意义上具有感召作用，但这种作用是君王的强力赋予的，而这种强力来源于刑罚。他指出，"刑生力，力生强，强生威，威生德，德生于刑"。其四，商鞅主张重刑。他不主张厚赏，把赏只看作罚的一个辅助，他说："去奸之本莫深入严刑，故王者以赏禁，以刑劝，求过不求善，籍刑以去刑"。他主张"以刑去刑"，认为重刑才是制止犯罪发生的良药，人们只有威慑于重刑的权威，国家才能进一步保障社会秩序的稳定，实现理想中的最高境界。

韩非子改造了商鞅的思想，在他那里，法律变得更加理性和实用，不但有了理论渊源的支撑，而且他将"法"与"术""势"相结合，这就进一步提升了它的操作性和适用性。他说："法者，宪令著于官府，赏罚必于民心，赏存乎慎法，而罚加于奸令者也。""法者，编著之图籍，设之于官府，而布之于百姓者也……故法莫如显……是以明主言法，则境内卑贱莫不闻知也"。由此可见，韩非子"法"的概念与我们今天的"成文法"是相同的，"法"就是国家颁布的需要强制力保证实施的律令。而至于"法"的具体立法和司法要求，我们在下面将通过"明法""任法""重刑"这三个核心概念来加以阐释。

"明法"就是指法律要公之于众，要公开、明确地为老百姓所易知，这是立法方面的基本要求。"任法"就是指"法"是所有行为的准则，一切依法办事。"重刑"是指推行重刑使犯罪分子得不偿失，从而达到对犯罪的抑制。这三个概念互相补充、相辅相成，共同构成了韩非子思想的核心概念——"法"。"明法"就是指法律要公之于众，而且要以成文法的形式让每个民众都知晓，任何人都不能挑战法律的权威，将其个人意志凌驾于法律之上。"人主使人臣虽有智能不得背法而专制，虽有贤行不得逾功而先劳，虽有忠信不得释法而不禁，此之谓'明法'"。

"明法"是立法方面的要求，主要包含了以下内容：其一，法律要具备公开性。法的公开性要求法律必须"布之于百姓"，韩非子认为应该在全国范围内广泛宣传法律条文，做到每个普通民众都能熟悉法律的内容，即"境内卑贱莫不闻知"。韩非子的这种思想相

▶ 《韩非子》的智慧

比于那些只将法律作为形式，老百姓对其茫然不知，法律只为君主和官员所认识的思想具有巨大的进步意义。其实，将法律公之于众是法家的一贯主张，法家早期人物子产、李悝都做过这方面的贡献。在韩非子看来，只有法律的公之于众才能使全国范围内的百姓都了解君王的真实意图，这就使那些妄图欺骗百姓，愚弄百姓以谋取私利的人无所遁形，既能防止贪污腐败的滋生，又能杜绝冤假错案的发生，还能使全国范围内的民众都处于法律和君王的控制之下，"使民以法禁而不以廉止"。其二，法律要具有明确性。法律的明确性就是指法律条文要具体且易于理解。韩非子说："法莫如显"，他认为法律条文越清楚明白越好，这样老百姓也能理解，就能更好地遵守它的规定。在他看来，法律的限制必须明确、具体，这也就避免了老百姓对其无法理解，或者企图钻法律空子的心理。同时，法律条文的内容也要求通俗易懂。只有最通俗的法律条文才能让最底层的老百姓都了解它。同时，法律条文的内容要清晰明白，不能有产生歧义的嫌疑。"微妙之言，上智之所难知也；今为众人法，而以上智之所难知，则民无从识之矣"。法律条文的制定应该摒弃那些花哨的语言，要像易于衡量的标尺一样，每个人都能通过对条文的理解来自觉遵守法律。大家都知道，我国古代的书采取的并非白话文，很多没有受过教育的老百姓连大字都不识，更遑论能理解其文意，所以韩非子这方面的规定不但体现了他思想一以贯之的实用性，也体现了其人性化的一面。其三，法律要具有固定性。法律的固定性要求法律条文一旦确定就不允许朝令夕改，要保护法律的神圣性和严肃性。"法莫如一而固，使民知之"。也就是说在一个国家内，民众所遵守的法律应该是统一固定的。他说："治大国而数变法则民苦之，是以有道之君贵虚静而重变法，故曰：'治大国者若烹小鲜'。"而"好以智矫法，时以行杂公，法禁变易，号令数下者，可亡也"。如果法律朝令夕改，必然使得民众无所适从，这种情况被韩非子称为"亡国之征"。同时，立法者也要注意所制定的前法和后法的一致，不能前后矛盾、贻笑大方，导致"申不害不擅其法，不一其宪令，则奸多"。如果立法者遇到无法平衡的矛盾，就应该择利弃弊，立法永远不可能照顾到所有人的利益。所以，我们要"法所以制事，事所以名功也；法有立而有难，权其难而事成，则立之；事成而有害，权其害而功多，则为之，无难之法，无害之功，天下无有也"。确立了以上这三条原则，也就保证了立法的公正性。只要君主和臣民齐心协力按照法律行事，执法者不徇私牟利，老百姓依法办事，不战战兢兢，那么法律必然能发挥出积极的作用，促进社会进步和发展。

"任法"就是按照法律的规定来进行行为，这是司法方面的要求。"法"是对社会民众的行为进行评判，判定他们的是非、善恶，并以此作为赏和罚的唯一标准。"明主之国，令者，言最贵者也；法者，事最适者也"。也就是说，真正的贤明君主治理下的国家，必然是令行通畅，法行适当。法律才是社会发展的真正动力，它具有道德所不具有的社会价值。韩非子说"明法者强，慢法者弱"，"明主使其群臣，不游于法之外，不惠于法之内，动勿非法"，"家有常业，虽饥不饿；国有常法，虽危不亡，夫舍常法而从私意，……治国之道废也"。也就是说，只有依照法律治理的国家才会越来越强大，而不重视法律的国家必然会走向衰弱；贤明的统治者把臣下都置于法律的控制之下，不会超出法律的规定行使权力。韩非子这些话一再向我们强调法治的重要性，主张在法治环境下，国家的大小事务皆由法律来决断，认为"道法者治"，韩非子的这些思想都是"任法"思想的体现。

韩非子"任法"思想具体包含两方面内容：第一，"任法"要求法律行使过程中的平等和公正。韩非子将"法"比作木匠做工时候的矩尺，如同木匠用矩尺去衡量作品的大、小、直、曲一样，只要符合矩尺的规、矩、尺、度，在这个范围内做工，就一定会做出预期的作品。同样的道理，"法"是衡量人们行为规范的标准，所有人都应该在法律规定的范围内行动，而且统治者也要按照法律规定来治理国家，不能因为个人的喜好或私欲而改变。法律一旦确定就要固定，使之成为大家行为的标准。"法者，宪令著于官府，刑罚必于民心，赏存乎慎法，而罚加乎奸令者，此臣之所师也"。也就是说，法律是公布于大众，并明确以文字形式记录在案的，统治者要运用法律进行统治，对民众进行赏罚，都是置于人民的监督之下的。所以，执法不能因统治者的喜好而改变，法律才是人人行为的尺度。真正贤明的君主都会严格控制其臣下的行为，将其置于法律的许可之内，而不会因为自己的私欲随意更改，一切执法的行为，都在法律的范围内进行。法律不因权贵而改变，就如同绳墨不会因为木头的弯曲而改变其曲直一样。这就是"法律面前一律平等"思想的体现。韩非子有"法不阿贵"的著名理论，也就是要求保障法律的公平正义，在法律执行的过程中，要以平等的眼光看待所有的人，要做到"法不阿贵，绳不挠曲；法之所加，智者弗能辞，勇者不敢争；刑过不避大臣，赏善不遗匹夫"。韩非子坚持法律在执行中的公平正义性，认为相同的两种行为就应该受到相同的评判，也就是说同样的语言不存在两种意义，一样的法也不会有两种适用标准，言行不一致必然要受到法律的禁止。只有法律做到了公平公正，论功行赏，依能力授予官职，犯法的人受到惩罚，有功的人受到奖赏，才能做到各有其所，有能力的人不会轻易受到蒙蔽，没能力的人也没有机会行使权力，这样万事就都不会有失了。韩非子认为，法不是为了满足立法者的私欲而设立的，所以法律要做到平等，要代表全体统治阶层的利益。他认为法律就要摒弃私欲，法律的执行只有抛弃私欲才能完成。私欲是破坏法律的罪魁祸首。韩非子反对放弃法律而任凭私欲行事，那些放弃个人利益成全法律的国家是不断强大和进步的；而那些一味放纵私欲，对法律置若罔闻的国家都是慢慢在走向衰落的国家。韩非子要求统治者放弃私欲，以法律治理国家，这样才能实现国家的长治久安和繁荣昌盛。要保证法律的执行，就要求君主和臣下之间齐心协力，一起遵守法律的规定，依法治国，不分贫富贵贱地去对待所有的人，其实也就是"法律面前人人平等"。第二，"明法"要求法律通过强制力保证其实施。法律的平等和正义必须通过强制力保证其实施，这是"明法"衍生出的原则。法律本身是具有强制力的，"令必行，禁必止"。而要平等地贯彻法律，执行法律所规定的内容，就必须由法律强制力保证其实施。法律行为的效果是由国家执行的，合法行为会受到鼓励，违法行为会受到制裁，这样强制力的保障会使民众自觉遵守法律，从而保障法律目的的实现。

韩非子继承了商鞅的重刑思想。他首先论证了重刑的必要性，认为儒家所谓的"轻刑止奸"论是错误的，正确的应该是"重刑止奸"论，也就是说，只有重刑才能禁止奸邪的产生。韩非子首先论证了人性自私好利的本质，认为人们行为的出发点都是自身的利益，所以人们的行为更多考虑的是行为对自身的利害关系。他还驳斥了儒家的"轻刑爱民"论，提出了"重刑爱民"论。在他看来，刑罚过轻的话根本无法对人们起到警示作用，就像爬个小土堆那样无关痛痒，只会导致违法行为的再次发生。如果犯罪了却没有得到应有的惩罚，就等于鼓励后来的民众都去犯罪。所谓的"轻刑爱民"论是荒谬的，是欺骗民众的，是对民众的一种实质性的伤害。相反的道理，重刑就像你无法轻易攀越的高山一样，民众一般不会去触犯它，只要没有犯罪就不需要刑罚，也就达到了"爱民"的目的。其次，韩非子认为刑罚的目的在于预防而不是处罚，只是起到预防和威慑的作用，为了更好地发挥这一作用，就要实行重刑。韩非子为他的重刑理论进行了一番开脱和解释，"且夫重刑者，非为罪人也，明主之法揆也；治贼非治所揆也，治所揆也者，是治死人也；刑盗非治所刑也，治所刑也者，是治青靡也，故曰重一奸之罪而止境内之邪，此所以为治也，重罚者盗贼也，而悼俱者良民也，欲治者奚疑于重"。也就是说，实施重刑的目的并非为了单纯地惩治犯罪者，而是为了让其他民众看到触犯法律的严重后果，从而产生畏惧心理，防止犯罪的再次发生。韩非子认为越好的法律，它的刑罚应该越重，他认为"罚莫如重而必，使民畏之"。再次，韩非子总结了重刑的特点。也就是，犯罪者因为一点点小利而受到相当大的惩罚，这样杀一儆百，老百姓谁也不会再去愚蠢地做这种事情，那么奸邪犯罪必然就销声匿迹了。但是，如果犯了大罪却只给轻微的处罚，奸邪犯罪就会永远无休止地发生。基于此，韩非子断定轻刑只会误国误民，陷国家于混乱之中。而相比较，重刑符合人们"好利恶害"的心态，必然能起到法律的威慑作用。在韩非子看来，人们在处理问题时，总是两害相权取其轻，这样如果罪犯在获得巨大利益的同时只遭受轻刑，必然等于鼓励犯罪，而相反的，如果获得微小利益却遭受了巨大惩罚，必然可以抑制犯罪的发生。最后，韩非子阐释了实施重刑的方法：第一，轻罪重判。韩非子认为古代善于治理国家的统治者，总是用重刑去制裁轻罪，越是重的罪，人们越不容易犯，越是小的过错，人们反而不断触犯。所以，如果轻罪重判就可以使民众在法律的威慑力下连小罪都不敢触犯，就可以从根本上杜绝所有犯罪的发生。第二，连坐。韩非子提出重刑的另一个方法就是一人犯罪，亲朋同罪。连坐的思想继承了商鞅的重刑理论中的主张，韩非子认为这是制止百姓犯罪，彰显法律威慑力的又一种好办法。第三，杀无赦。在他看来，凡是依照法律该杀的都不能赦免，这就告诉民众只要犯罪就必然要接受刑罚的制裁，可以有效地起到威服四方的目的，使举国上下无人敢以身犯险。韩非子的重刑思想是他遭受后世诟病的最主要原因。韩非子的重刑思想是他所处的历史时期的产物，所以我们不应该过分苛责。在那个被孔子称为"礼崩乐坏"的时代，韩非子面对弱小的祖国——韩国和不思进取的国君，以及安于现状的民众，迫切地希望祖国能够强大起来的愿望使得韩非子在他的思想中也贯彻了实用、理性和冷酷的态度，"乱世用重典"，所以我们应该站在历史的角度看待韩非子的重刑思想。同时，我们也应该看到，韩非子的重刑思想在一定的历史时期是起过进步作用的，秦采用韩非子的法治理论，重刑厚赏，使得秦国的国力迅速增长，农业、经济各个方面飞速发展，为秦统一六国打下了坚实的基础。

二、术

"术"又作"述"，在《说文解字》和《广雅疏证》中，都将"术"的意思等同于"道"，由此而引申出途径、方法的意思。韩非子"术"的思想是继承于申不害的。在申不害那里,"术"是源于道学思想的,所以它也就是"道术之术",是"刑名法术"。申不害认为,"术"是君王御下的方法、办法,它有两点主要内容:其一,"术"是指帝王在选任官员时要充分考虑到官员的能力,因能而异,根据不同能力授予不同官职。其二,帝王要根据官员的官职和言行来考核他,看他是否能言行一致,是否能胜任自己的官职。

韩非子将申不害的"术"加以改造,形成了自己的术治思想。在韩非子看来,"术"有以下两层含义:第一,"术"是帝王御下的方法和手段,这一点与申不害的观点是一致的。在韩非子看来,君主事必躬亲地去处理每件事情是不可能的也是没有必要的,君主只要充分驾驭好大臣,了解每一个大臣的能力,并善于运用手腕去牵制他,也就是"明主治吏不治民"。韩非子认为,每一个大臣都会从自身的利益出发去办事,也都希望能满足自己的私欲,他们随时随地无不觊觎着君主的地位和权力。所以,君主要充分运用好"术"这个武器,使每个大臣都不敢有二心,尽心竭力地为君主效忠。所以,聪明的君主会使每个臣子都猜不透他的想法,这样就没人敢有所隐瞒或胡作非为。如果君主不运用"术"去统治臣下,则大臣就会出于自己的利益考虑而做出欺瞒君主的行为,甚至互相勾结,最终危及君主的地位和性命。第二,韩非子的"术"按照内容可以分为"心术"和"技术"两类。这两者并非完全无关的概念,而是不能分开的,"心术"只是一种心理,是君主"术治"的时候产生的心理态度。可以看出来,在韩非子这里,"术"不再是一种简单操作层面的技术,而是对"术治"时的各方面因素加以分析,使"术治"理论得到进一步丰富和提高。"心术"要求君主在实施术治技术时,要对自己的情绪加以控制,不能在臣下面前表露出任何的喜怒哀乐,使臣下无法明白君主的心理,无法妄自揣测君主的意图。一旦臣下觉得君主不可估量时就会小心谨慎地行事,尽量避免触犯到自己无法估计的限度,也就避免了私利和奸邪的产生。韩非子在他的理论中详细介绍了多种"术治"的"技术",如"形名""参伍""用人""听言""参验"等。这些"技术"的运用离不开"心术"的辅助,二者必须相辅相成,才能达到最佳的效果。

韩非子还专门叙述了"术"的具体方法。即要求君主要尽可能多听取意见和建议,广开言路,不能只听取自己宠信的几个臣子的意见,容易滋生奸臣。在听取臣子意见的基础上,最终的决定权还在于君主,任何臣子都没有权力行使决策。最终,君主通过赏罚来实现对"术治"的保障。"法"和"术"存在着两点不同:其一,在表现形式上。"法"是要求公开的"布之于百姓",而"术"作为帝王统治的秘密武器,最好能隐蔽使用,即

"法莫如显，而术不欲见"。其二，在功能上。"法"对民众的作用是从正面施行的，而"术"则是君主对臣下的一种反面的考察。

同时，"法"和"术"之间的关系表现在以下两个方面：第一，"法"离不开"术"的辅助。在韩非子的时代，"法治"是必须依靠君主来完成的，是君主专制下的法治。"法"只是君主维持"势"的一种工具。韩非子认为，人性都是自私的，每个人都会随时为自己的利益考虑，君主和臣下之间的关系也是如此。抛开蒙在其上的面纱，君主和臣下也是一种相互利用的利益关系，君主依靠臣下来进行统治，要刚柔并济地运用手腕，也要时时小心臣下的背叛，臣下要依靠君主获得地位和利益，要揣摩君主的意图，还要每时每刻担心会被君主惩罚，妄图利用机会摆脱这种局面。君主和臣下的关系就如同永远处在战斗中的双方，紧张不安。为了更好地保障"术治"，更好地维护君主的权利，"术"就必须与"法"相结合。同时，进行"术治"也是为了维护"法治"的成果，保证臣下对"法"的执行，二者殊途同归，都是为保障君主的统治服务的。同时，君主还要懂得利用"术治"辨别奸佞。"术"运用得当的话，会使群臣威服于帝王的"势"，不敢对其有任何欺瞒，从而防止了奸佞之辈以权利谋私利，进而避免威胁到君主的统治地位。韩非子批评商鞅在秦国变法时只知道一味强调法治，妄图用法治去限制昏君和奸臣的行为，不懂得将"术"与"法"相结合，所以必然导致法治的作用被削弱。第二，"术"同样离不开"法"的辅助。君主个人的精力毕竟是有限的，不可能做到时时刻刻去注意每个臣子的言行举止。所以，韩非子认为，"奸必待耳目之所及而后知之，则郑国之得奸者寡矣，不任典成之吏，不察参伍之政，不明度量恃尽聪明劳智虑而以知奸，不亦无术乎？且夫物众而智寡，寡不胜众，智不足以遍知枕，故因物以治物……故因人以知人，是以形体不劳而事治，智虑不用而奸得""夫为人主而身察百官，则日不足，力不给，且上用目，则下饰观；上用耳，则下饰声；上用虑，则下繁辞，先王以三者为不足，故舍已能而因法数，审赏罚""故民主使其群臣不游离于法之外，不为惠于法之内，动无非法"。也就是说，君主要达到对臣下的严密控制，不能单纯依靠耳目等感官器官，而是要借助"法"的力量。只有所有的臣子都被密切置于"法"的控制下，君主才能随时知晓臣子的行为，臣子也不敢任意妄为、触犯法律。只要有臣子触犯了"法"的监控，就会适时得到法律的制裁。同样，还要运用"术"来随时防止"法"的不足。君主只要将"刑德"两个方法紧紧握在自己的手中，再配合"术"的手段，就能做到在不劳心劳力的情况下，清虚无为地达到政治统治的稳固。

"法"和"术"在君主统治的过程中相互依托地发生作用。韩非子重视"法"和"术"的并用,批评了只单纯强调"法"的商鞅和只单纯强调"术"的申不害,所谓"二子之于法术,皆未尽然也"。

三、势

韩非子"势"的思想继承于慎到。"势"的本意是形势,指居于某种有利位置而产生的优势。"势"最早被兵家所发挥,从而引申出力量、权势等意义。慎到主张君主充分利用"势",他认为君主要达到对民众的治理,并不在于其德而在于其势,所以他说:"尧为匹夫不能治三人,而桀为天子能乱天下,吾以此知势位之足恃,而贤智之不足慕也",在他眼里即便是尧舜这样的贤者没有"势"也无法发挥作用。

韩非子将君主因为其地位而衍生的力量称为"势"。他认为,"势"是君主异于一般人的得天独厚的优势,所以一定要好好加以发挥。"势"对君主来说就如同拉车的马儿,是君主行使其权力,保障其地位的根本。失去了"势"的依托,君主就和普通百姓没有区别,同时会失去他自身所具有的一切优势。在韩非子眼中,"势"是以君王的利益为出发点的理论,道德并不是它的价值取向,权力才是它真正的价值取向。在韩非子看来,君王的"势"要求他对广大民众和他的臣下造成一种神秘的威慑感。"法"和"术"都被当成服务于"势"的手段。"法""术""势"紧密结合而形成的为君主服务的"势治"理论,是与韩非子"人造之势"的理论共通的。

韩非子将"势"分为"自然之势"和"人设之势"。他认为,由君主的地位所产生的"势"是"自然之势"。这种"势"是自然获得的,是君主获得地位的根源。韩非子将慎到的势称为"自然之势"。这种"势"如果运用不当会产生相反的效果。"自然之势"因其先天性必然存在风险性,假若得势的是贤者则必然会产生好的影响,但是一旦得势者是奸佞邪妄之辈,则必将产生无法挽回的局面。君主获得"势"以后,一定不能无为,要运用方法来巩固"势"。"自然之势"只是"势"的一个方面,君主为了巩固权力,就要运用一定的手段来建立"势"。这种人为建立起来的权威就是"人造之势"。韩非子认为,"人造之势"才是"势治"的重点,是实现政治统治的根本方法。这是因为在韩非子看来,"自然之势"必须有贤者作为君主,才能实现其目的。而大部分君主是处于尧舜和桀纣之间的"中人",而且要将这些"中人"改造成尧舜那样的贤者也是不可能的,只能通过一定的手段为这些"中人"设计统治方案。这种统治方案也就是所谓的"人造之势",或者说,就是将法治和势治结合起来,从而弥补势治的不足。由此可见,韩非子的"势"是包含"自然之势"和"人造之势"在内的相互存在的两个部分,韩非子认为"势治"的重点是后者。

  韩非子的"势"是与"法"紧密结合在一起的,二者的关系表现在两个方面:一方面,"抱法处势则治"。也就是说,君主想要实现"法治"就必须依靠"势治","势治"是"法治"的前提和基础。"势"是君主推行"法"所依靠的力量。"势"是君主统治百姓的资本,如果没有掌握生杀大权的"势",君主的地位形同虚设,也危在旦夕。即便是桀纣这样的暴君,因为他身为天子的"势",所以可以号令天下,莫敢不从。但是,如果像尧舜这样的圣贤如果失去"势",也就无法使一人听命于他。"势"是君主号令天下的武器,也是君主保障自己地位的武器,失去这个武器,君主不但失去权势地位,甚至可能失去性命。另一方面,"势"也不能离开"法"的保障。韩非子认为,只有尊重法律,尊重法治,君主的"势"才能充分得到尊重。君主的权势和地位通过法律进行了强制,君主的"势"的神圣也通过法律加以规定。这样一来,君主的"势"就与法律的执行捆绑在了一起,法律的沦丧必然意味着君主的"势"被践踏。王洁卿说:"任法之所以尊君者,盖以君利在见功而爵禄,臣利在无功而富贵,上下异利,臣固常有羡欲之心,朝夕阁求侵主以自利,故君立法,上操度量以割其下,则群臣不可欺以诈伪,而令行禁止,且足以发生劝忠作用,臣民效忠于君上,则君尊而不侵矣。"也就是说,"法"同样是"势"的前提。韩非子强调"人造之势"的重要性,他将刑罚作为"人造之势"的内容,通过严刑峻法来巩固君主的"势"。

  综上所述,韩非子思想中,"法""术""势"三者紧密联系,是不可分割的整体。"势"是根本要达到的目的,"法"是为达到目的所使用的工具,"术"是进一步保障"势"的权威的手段,三者互相补充,是一个统一不可分割的有机体。

下　编

第四章　《韩非子》选粹

第一节　《韩非子·解老》

【原文】

德者，内也。得者，外也。"上德不德"，言其神不淫于外也。神不淫于外，则身全，身全之谓德。德者，得身也。凡德者，以无为集，以无欲成，以不思安，以不用固。为之欲之，则德无舍；德无舍，则不全。用之思之，则不固；不固，则无功；无功，则生于德。德则无德，不德则在有德。故曰："上德不德，是以有德。"

所以贵无为无思为虚者，谓其意无所制也。夫无术者，故以无为无思为虚也。夫故以无为无思为虚者，其意常不忘虚，是制于为虚也。虚者，谓其意无所制也。今制于为虚，是不虚也。虚者之无为也，不以无为为有常。不以无为为有常，则虚；虚，则德盛，德盛之谓上德。故曰："上德无为而无不为也。"

……………

先物行先理动之谓前识。前识者，无缘而忘意度也。何以论之？詹何坐，弟子侍，牛鸣于门外，弟子曰："是黑牛也在而白其题。"詹何曰："然，是黑牛也，而白在其角。"使人视之，果黑牛而以布裹其角。以詹子之术，婴众人之心，华焉殆矣！故曰"道之华也"。尝试释詹子之察，而使五尺之愚童子视之，亦知其黑牛而以布裹其角也。故以詹子之察，苦心伤神，而后与五尺之愚童子同功，是以曰"愚之首也"。故曰："前识者，道

► 《韩非子》的智慧

之华也，而愚之首也。"

…………

夫缘道理以从事者，无不能成。无不能成者，大能成天子之势尊，而小易得卿相将军之赏禄。夫弃道理而妄举动者，虽上有天子诸侯之势尊，而下有猗顿、陶朱、卜祝之富，犹失其民人而亡其财资也。众人之轻弃道理而易妄举动者，不知其祸福之深大而道阔远若是也，故谕人曰："熟知其极。"人莫不欲富贵全寿，而未有能免于贫贱死夭之祸也。心欲富贵全寿，而今贫贱死夭，是不能至于其所欲至也。凡失其所欲之路而妄行者之谓迷，迷则不能至于其所欲至矣。今众人之不能至于其所欲至，故曰"迷"。众人之所不能至于其所欲至也，自天地之剖判以至于今。故曰："人之迷也，其日故以久矣。"

…………

众人之用神也躁，躁则多费，多费之谓侈。圣人之用神也静，静则少费，少费之谓啬。啬之谓术也，生于道理。夫能啬也，是从于道而服于理者也。众人离于患，陷于祸，犹未知退，而不服从道理。圣人虽未见祸患之形，虚无服从于道理，以称蚤服。故曰："夫谓啬，是以蚤服。"

知治人者，其思虑静；知事天者，其孔窍虚。思虑静，故德不去；孔窍虚，则和气日入。故曰："重积德。"夫能令故德不去，新和气日至者，蚤服者也。故曰："蚤服，是谓重积德。"积德而后神静，神静而后和多，和多而后计得，计得而后能御万物，能御万物则战易胜敌，战易胜敌而论必盖世，论必盖世，故曰"无不克"。无不克本于重积德，故曰"重积德，则无不克"。战易胜敌，则兼有天下；论必盖世，则民人从。进兼有天下而退从民人，其术远，则众人莫见其端末。莫见其端末，是以莫知其极，故曰："无不克，则莫知其极。"

…………

有道之君，外无怨仇于邻敌，而内有德泽于人民。夫外无怨仇于邻敌者，其遇诸侯也外有礼义。内有德泽于人民者，其治人事也务本。遇诸侯有礼义，则役希起；治民事务本，则淫奢止。凡马之所以大用者，外供甲兵而内给淫奢也。今有道之君，外希用甲兵，而内禁淫奢。上不事马于战斗逐北，而民不以马远淫通物，所积力唯田畴。积力于田畴，必且粪灌。故曰："天下有道，却走马以粪也。"

人君无道，则内暴虐其民而外侵欺其邻国。内暴虐，则民产绝；外侵欺，则兵数起。

民产绝，则畜生少；兵数起，则士卒尽。畜生少，则戎马乏；士卒尽，则军危殆。戎马乏，则牸马出，军危殆，则近臣役。马者，军之大用；郊者，言其近也。今所以给军之具于谓马近臣，故曰："天下无道，戎马生于郊矣。"

…………

道者，万物之所然也，万理之所稽也。理者，成物之文也；道者，万物之所以成也。故曰："道，理之者也。"物有理，不可以相薄；物有理不可以相薄，故理之为物之制。万物各异理，万物各异理而道尽。稽万物之理，故不得不化；不得不化，故无常操；无常操，是以死生气禀焉，万智斟酌焉，万事废兴焉。天得之以高，地得之以藏，维斗得之以成其威，日月得之以恒其光，五常得之以常其位，列星得之以端其行，四时得之以御其变气，轩辕得之以擅四方，赤松得之与天地统，圣人得之以成文章。道，与尧、舜俱智，与接舆俱狂，与桀、纣俱灭，与汤、武俱昌。以为近乎，游于四极；以为远乎，常在吾侧；以为暗乎，其光昭昭；以为明乎，其物冥冥；而功成天地，和化雷霆，宇内之物，恃之以成。凡道之情，不制不形，柔弱随时，与理相应。万物得之以死，得之以生；万事得之以败，得之以成。道譬诸若水，溺者多饮之即死，渴者适饮之即生；譬之若剑戟，愚人以行忿则祸生，圣人以诛暴则福成。故得之以死，得之以生，得之以败，得之以成。

…………

凡理者，方圆、短长、粗靡、坚脆之分也，故理定而后可得道也。故定理有存亡，有死生，有盛衰。夫物之一存一亡，乍死乍生，初盛而后衰者，不可谓常。唯夫与天地之剖判也俱生，至天地之消散也不死不衰者谓"常"。而常者，无攸易，无定理。无定理，非在于常所，是以不可道也。圣人观其玄虚，用其周行，强字之曰"道"，然而可论。故曰："道之可道，非常道也。"

…………

书之所谓"大道"也者，端道也。所谓"貌施"也者，邪道也。所谓"径大"也者，佳丽也。佳丽也者，邪道之分也。"朝甚除"也者，狱讼繁也。狱讼繁，则田荒；田荒，则府仓虚；府仓虚，则国贫；国贫，而民俗淫侈；民俗淫侈，则衣食之业绝；衣食之业绝，则民不得无饰巧诈；饰巧诈，则知采文；知采文之谓"服文采"。狱讼繁仓廪虚、而有以淫侈为俗，则国之伤也，若以利剑刺之。故曰："带利剑。"诸夫饰智故以至于伤国者，其私家必富；私家必富，故曰："资货有馀。"国有若是者，则愚民不得无术而效之；

▶ 《韩非子》的智慧

效之，则小盗生。由是观之，大奸作则小盗随，大奸唱则小盗和。竽也者，五声之长者也，故竽先则钟瑟皆随，竽唱则诸乐皆和。今大奸作则俗之民唱，俗之民唱则小盗必和。故"服文采，带利剑，厌饮食，而货资有馀者，是之谓盗竽矣。"

人无愚智，莫不有趋舍。恬淡平安，莫不知祸福之所由来。得于好恶，怵于淫物，而后变乱。所以然者，引于外物，乱于玩好也。恬淡有趋舍之义，平安知祸福之计。而今也玩好变之，外物引之；引之而往，故曰："拔。"至圣人不然：一建其趋舍，虽见所好之物，不能引，不能引之谓"不拔"；一于其情，虽有可欲之类，神不为动，神不为动之谓"不脱"。为人子孙者，体此道以守宗庙，宗庙不灭之谓"祭祀不绝"。身以积精为德，家以资财为德，乡国天下皆以民为德。今治身而外物不能乱其精神，故曰："修之身，其德乃真。"真者，慎之固也。治家者，无用之物不能动其计，则资有馀，故曰："修之家，其德有馀。"治乡者行此节，则家之有馀者益众，故曰："修之乡，其德乃长。"治邦者行此节，则乡之有德者益众，故曰："修之邦，其德乃丰。"莅天下者行此节，则民之生莫不受其泽，故曰："修之天下，其德乃普。"修身者以此别君子小人，治乡治邦莅天下者各以此科适观息耗，则万不失一。故曰："以身观身，以家观家，以乡观乡，以邦观邦，以天下观天下。吾奚以知天下之然也？以此。"

【译文】

德，是内部具备的东西。得，是外部获得的东西。老子所谓"上德不德"，是说人的精神不游离在自身之外。精神不游离在自身之外，自身内在的本质就能得以保全，保存了自身内在的本质就叫德。德，是说保全自己内在的本质。凡是德，都是以无为来积聚，以无欲来成就，以不思虑来安宁，以不役使来巩固。如果有作为有欲望，德就没有归宿；德没有归宿，就不完整了。如果使用它思虑它，德就不能牢固，不牢固，就没有功效；没有功效，是由于自以为有德。自以为有德就没有德，不自以为有德就保全了德。所以《老子》说："最高层次的德不自以为有德，因此它才是有德。"

把无为、无思推崇为虚的原因，是认为这样人的心意可不受任何牵制。那些没有真正掌握道术的人，才会故意用无为、无思来表现虚。而他们故意用无为无思来表现虚，正是因为他的心里常常不忘记虚，而这就是被虚所牵制了。虚是说他的心意不受牵制。现在被虚所牵制，这就不是真正的虚。真正那些做到虚的人所表现出的无为，是忘记了无为，不把无为当作经常要注意的事。不把无为当作经常要注意的事，就虚了；虚了，德就充足；德充足了，也就叫作最高层次的德。所以《老子》说："最高层次的德无为而又无所不为。"

…………

在事物出现之前就有所作为，在事理显露之前就有所判断叫做前识。前识，是没有根据而进行的主观臆测。凭什么这样臆测呢？詹何坐在屋子里，他的弟子在旁边侍候，有牛在门外鸣叫。弟子说："正在鸣叫的是一头黑牛，它的额头是白色的。"詹何说："确实是一头黑牛，但是白色是长在它的角上。"派人去察看，果然是一头黑牛用白布缠着它的角。詹子这种方法，是来扰乱人心的，华而不实且太费心费神了！所以说："前识只是道的外在修饰。"如果不用詹何的智慧明察，而是派一个五尺高的小孩去察看，也可以知道那是一头黑牛用白布裹着角。所以凭借詹何费心伤神的明察，也只是得到与五尺高的无知小孩相同的效果，因此说前识"是愚蠢的开端"。所以《老子》说："前识是道的虚华的表现，是愚蠢的开端。"

…………

遵照事物固有的规律来行事，没有不成功的。没有不成功的事业，大的成功是能成就天子的权势和尊贵，小的成功也能很容易获取卿、相、将军的赏赐与厚禄。不遵照事物固有的规律而轻举妄动，即使拥有天子诸侯的权势和尊贵，又拥有猗顿、陶砾、卜祝那样多的财富，结果还是会失掉他的子民丢失他的财产。一般的人之所以轻易地违背事物固有的规律而轻举妄动，是因为不懂得祸福相依的道理，以及互相转化的深远广阔的固有规律，所以《老子》告诫人们说："谁知道祸福相依的自然规律的根本究竟呢？"没有人不希望拥有大量财富和长久的寿命，但还是无法避免贫穷、卑贱、死亡和夭折的灾祸。内心盼望富贵健康长寿，如今却贫贱夭折而死，这正是无法达到他想要达到的目的。凡是丢失了他本来要走的路而胡乱地走下去就叫作"迷"，"迷"就无法达到他想要达到的目的。现在人们不能达到他们所想要达到的目的，所以叫"迷"。人们无法达到他们所要达到目的，这种情况从开天辟地以来一直如此。所以《老子》说："人们陷入迷途，这种日子的确已经很久了。"

…………

大众使用自身的精神往往会浮躁，一旦浮躁就会产生精神的耗费，耗费过度就叫作浪

▶ 《韩非子》的智慧

费。圣人在使用自己的精神时多为静，平静的时候就耗费少，耗费少就叫作吝啬。吝啬作为一种方法，产生于万事万物的内在规律。人能够吝啬，也就是服从于万事万物的内在规律。普通大众遭遇到祸患，陷入祸患之中，仍然不知道退避的方法，也就是不服从事物固有的内在规律。圣人虽然也不曾看见祸患的形成，却能虚静无为地服从于万事万物的大小规律，这叫"早服"。所以《老子》说："正因为圣人吝啬于自己的精神耗费，所以能够早早地服从于事物的内在规律。"

懂得恰当地去安排自己人生的人，他的思虑就能保持静的状态；懂得遵循事物的规律而能依照规律去行事的人，他的眼、耳、口、鼻等器官就能保持畅通。思虑平静，本有的德就不会离去；器官畅通，外界的和谐的精气就能不断地进来。所以《老子》说："重新积聚道德。"能让原有的道德不离去，新鲜的和气不断地进来，就是"早服"之人。所以说："早服，就是不断地积累德。"积累道德之后，就能心神安静，心神安静之后，就能和气增多，和气增多之后，就能计谋得当，计谋得当之后，就能控制万物，能控制万物就能更轻松地战胜敌人，轻松战胜敌人，那么他的思想理论就一定能称雄于当世，思想理论称雄于当世，所以《老子》说"无往而不胜"。无往而不胜根源于不断地积累道德，所以《老子》说："不断地积累道德，就可以无往而不胜。"能够轻松战胜敌人，那么就可以兼并天下；思想理论称雄于当世，民众就会顺从。进可以兼并天下，退可以顺化民众，这样的人道术就很深远了，一般的人都无法看出它的根源和发展变化规律。看不出它的根源和发展变化规律，因此就没有人知道它的究竟。所以《老子》说："无往而不胜，就没有人知道它的究竟。"

…………

有道的君主，对外和邻国没有怨仇，对内对人民有恩德。对外和邻国没有怨仇，他对待其他诸侯时就能表现出应有的礼义。对内对人民有恩德，他治理国家事务时就能够致力于根本。对待诸侯有礼义，战争就很少发生；治理国家致力于根本，过度的奢侈就会被禁止。一般来说，马的大用处是对外满足打仗需要，对内供给奢侈浪费。现在有道的君主，对外很少打仗，对内禁止奢侈。君主在战争追击和追逃败敌时不用马，民众在到处游荡和运输货物时不用马，马的力量积蓄起来只用于农耕。积蓄的力量只用于农耕，马就必将从事施肥、灌溉。所以《老子》说："天下太平，就会把奔跑的马歇下来从事施肥。"

无道的君主，对内残暴地虐待他的人民，对外侵略欺骗他的邻国。对内残暴，就会把他的人民的产业挥霍光；对外侵略，就会导致战争频繁。人民的产业挥霍光，那么畜养的牲口就会减少；战争频繁，士兵就会死亡殆尽。畜养的牲口减少，战马就会缺乏；士兵死亡殆尽，军队就会危险。战马缺乏，将帅的马也要被送去打仗；军队危险，君主身边的近臣也要去参加战争。《老子》所说的"马"，是军队的重要工具；《老子》所说的"郊"，是说离君主身边很近的地方。现在用来供应给军队的工具和兵力已经轮到了将帅的马和君主身边的近臣，所以《老子》说："天下无道，战马就出于近郊。"

············

道是天地万物之所以生成并化育万物的根本动力，是与世间万事万物之理而对应的天地的总则。理是世间万事万物生成的具体的原因，道是天地万物生成的根本原因。所以说，道是世间万事万物生成条件中的所应具备的前提条件。世间万物都各行其理，彼此之间互不侵扰。正因为世间万物都各行其理，彼此之间互不侵扰，所以理是万物的支配者。世间万物之理都各不相同，而道也与万物之理所遵循的法则一致，所以道也就不得不遵循着具体事物之理的变化而发生变化。由于道不得不发生变化，所以道没有永恒不变的规则。道没有永恒不变的规则，因而生死这种会不断变化的现象由道赋予，具有差异性的人类智慧也由道赋予，万事的变化兴衰也由道决定。天因得道而无比高远，地因得道而蕴藏丰富，北斗星因得道而为众星拱卫，太阳、月亮因得道而光辉永驻，金、木、水、土、火五大行星因得道而处常位不变，众星因得道而运行不变，四季因得道而控制节气，黄帝因得道而统治四方，赤松子因得道而与天地同寿，圣人因得道而创制礼乐。道，与唐尧虞舜同在就表现为智慧，与狂人接舆同在就表现为狂放，与夏桀殷纣同在就表现为灭亡，与商汤周武同在就表现为昌盛。道这个东西，你如果认为它近，它却远行在四方之极；你如果认为它远，它却常处我们身边；你如果认为它暗淡，它却光芒万丈；你如果认为它明亮，它却昏昏冥冥。道的功用造就了天地，道的积聚化成了雷霆，宇宙内的万事万物依靠它而存在。道的真实情况如下：不造作，不外露，柔弱随时变化，以适应世间万物之理。万物因得道而死亡，万物因得道而生存；万事因得道而失败，万事因得道而成功。可以说，道就像水一样，溺水的人因为喝水过量就会死亡，口渴的人适量饮用则能生存。再譬如，道就像剑和戟一样，愚蠢的人拿来行凶泄愤，就会引起祸端，圣人拿它来除暴诛恶，就会造就幸福。所以说世间万物因得道而死，因得道而生，因得道而失败，因得道而成功。

············

▶ 《韩非子》的智慧

理，是万物所具有的方与圆、短与长、粗与细、坚硬和脆弱等不同性质加以区别的法则，所以理确定以后，这些性质的法则才能得到说明。因此确定的理中包含存与亡，生与死，盛与衰。万物之中那些忽存忽亡，忽生忽死，初时兴盛后来衰败的东西，是不能被称为"恒常"的。只有那与天地的开辟一起产生，直至天地消散仍然不死亡衰败的东西才叫作"恒常"。而恒常，它既无变化，也无确定的理。无确定的理，也就是不处在固定不变的状态之中，因此无法说明。圣人观察到道的玄妙缥缈，依据它普遍运行的法则，勉强给它取名字叫作"道"，这才可以加以论说。所以《老子》说："道如果能说明白，就不是恒常的道了。"

《老子》书上所说的"大道"，是指的正道。所说的"施"，是指的邪道。所说的把"径"当大路，是因为这种小径精美华丽。而精美华丽的小路，也就是邪道的一部分。《老子》所说的"官府里很脏"，是因为诉讼案件繁多。诉讼案件繁多就会使农田荒芜，农田荒芜就会使国家的府库粮仓空虚；国家的府库粮仓空虚，国家就会贫困；国家贫困而民间的风俗仍然骄奢淫逸；民间的风俗骄奢淫逸，服装和食品的产业就会断绝；服装和食品的产业断绝，民众就不能不乔装打扮去骗取钱财；乔装打扮去骗取钱财，就会更加致力于漂亮装扮；致力于漂亮的装扮就叫做"服文采"。诉讼案件繁多，府库粮仓空虚，而又以骄奢淫逸作为风俗，那么国家受到的伤害就像人被利剑刺到一样严重。所以《老子》说："佩带着锋利的宝剑。"凡是那些乔装打扮偷奸取巧，而使国家受到伤害的人，他自己的家必定富有；自己的家必定富有，所以《老子》说："财货有余"。国家中有了这样的人，那么一般的愚众就不会没有办法仿效他们；民众仿效了他们，小贼就产生了。依此看来，大奸兴起，小盗就跟着产生；大奸开始唱，小贼就跟着附和。竽是吹奏曲调的最主要乐器，所以竽先开始吹奏，钟鼓琴瑟就会跟随；竽先演奏起来，其他乐器就都来附和。现在大奸产生了，一般民众就会跟着倡导；一般民众倡导了，小盗就必然会附和。所以《老子》说："穿着华丽的衣服，佩带锋利的宝剑，饮食充足，财货有余，这样的人可以称为强盗头子了。"

人们不论是愚蠢还是聪明，都有追求和舍弃的事物；人们在清静寡欲和平淡安闲的时候，没有人不知道祸福从何而来。但人们会被好恶情绪所支配，被奢侈的东西所引诱，然后就会引起思想的变化和混乱。之所以如此，是因为被外界事物所引诱，被珍奇玩物所迷惑。清静寡欲的时候有取舍的准则，平淡安闲的时候也懂得恰当地思虑祸福。而现在有珍奇玩物打动他，有外界的事物引诱他；一引诱他，他就跟着走，所以《老子》就叫它"拔"。至于圣人，就不是这样。圣人自始至终都有明确的取舍标准，即使看到喜好的东西，也不会被引诱；不会被引诱就叫作"不拔"；圣人的情操专一，即使有能够引起欲望的东西，他的精神也始终不为所动；精神不为所动就叫作"不脱"。做子孙的人，深刻体察这一道理来护卫宗庙；宗庙香火不灭，就叫作"祭祀不绝"。身体以积累精气为德，家庭以积蓄财产为德，乡里、国家、天下都以造福民众为德。现在勤于修身养性，外界的事物不能侵扰他的精神，所以《老子》说："用它来修身养性，他的德就会真。"所谓真，就是坚定守护精神世界。治理家庭，没有用的东西不能改变他的计划，就会有充盈的积蓄，所以《老子》说："用它来治理家庭，他的德就有赢余。"治理乡里的人实行了这一条，那家庭有赢余的就会更多，所以《老子》说："用它来治理乡里，他的德就增长了。"治理国家的人实行了这一条，那么乡里有德的人就会更多，所以《老子》说："用它来治理国家，他的德就丰满。"统治天下的人实行了这一条，民众的生活无不感受他的恩泽，所以《老子》说："用它来治理天下，他的德就普遍了。"对那些修身养性的人来说，用"真"这条原则来区别君子和小人，对于那些治乡、治国乃至统治天下的人来说，分别用这些原则来对照观察，就能够万无一失。所以《老子》说："用自身的德行来观察其他人的德行，用积蓄充盈的家庭来观察其他家庭，用德行增长的乡里来观察其他乡里，用德行丰沛的国家来观察其他国家，用德行普遍的天下来观察其他天子统御的天下。我凭什么来了解天下呢？就用的这个方法。"

【解读】

（一）解题：本篇是韩非子对老子思想的解读，特别是对老子"道"和"德"的解读。

（二）韩非子首先通过《道德经》第一句"道可道，非常道；名可名，非常名"的解读，给出了下面几个说明：

首先，作为概念的理，就是指万物的方圆、短长、粗细、坚脆的区别，所以理确定以后才可能进一步获得规律。因此，确定了的理仍有存亡、生死和盛衰的变化。万物有存有亡，忽生忽死，先盛后衰的变化，不能叫作永恒。

其次，只有那种和天地的开辟一起产生，到天地消散仍然不死亡衰败的东西，才能叫作永恒。永恒，就是没有变化，没有定理。没有定理，也就是不处在固定的状态之中。

再次，韩非子说的"无攸易"，是指事物都有存亡、死生、盛衰，一切都在变，任何东西都逃不出变化的命运，都超不出"易"的范畴；"无定理"，就是事物的变化因为种类、时空等条件环境的不同而千差万别，没有一个固定不变的原理。因此，不能用一个不变的原理来阐明千差万别、千变万化——所以"不可道"，无法说明。

最后，圣人观察到永恒规律的玄虚，依据永恒规律的普遍作用，勉强把它命名为"道"，然后才能够加以论说。所以《老子》说："道如能说明，就不是永恒的道了。"

（三）韩非子还具体解读了老子的"德"。

据考证"德"意指道德，是西周初年开始的，而其西周之前还具有什么含义，也即它的原初意义，现在已无从可考。《诗经·大雅·烝民》："天生烝民，有物有则，民之秉彝，好是懿德。"《尚书·召浩》："王其疾敬德。"这里的"德"所指的都是道德、品德之义。

韩非子认为"德"是"道之功"，是事物的内在本质，是一个事物区别于其他事物的本质属性。这种属性不包括外界对它的改造，比如说一块木头，木头是它的本性，也是木头的"德"，但是一旦它被外界经过各种手段进行改造，变成了其他的东西，就不是木头的"德"，只是通过外界得到的东西。韩非子认为，"德"是"道"的体现，它来自对"道"的表现。万事万物之所以具有各种不同的本质，都是"道"的作用，"德"是"道"的具体表现。在韩非看来，不但万事万物有它们的"德"，人也有"德"。韩非子还认为，"德"也是理的一种，"德者，驳理而普至；至于群生，斟酌用之；万物皆盛而不与其宁"。

（四）韩非子进一步说明了"德"和"道"的关系。

首先，"道"是总原则，是根本，"德"是遵循"道"而活动的。在对人的作用上，只有遵"德"之人才能体现真正的"道"，不依据"德"而行也就是不依据"道"而行，是背"道"而驰的。最后，"德"来源于"道"，"道"是"德"的存在根本。

万物都要依照"道"的规律生存，"理"是"道"的具体表现，万物都依照"理"的存在而显现。所以，万事万物也都有"德"，"理"是"道"的体现，"德"是理的体现。"德"包含"理"，在一定情况下，"德"就是"理"。"德"是获得"道"的一种方法，也可以说是"道"在某一时刻的一种显现。

其次，在韩非子看来，人是一个统一的整体，人本身就具有了"德"的品质，这也是人与最高原则"道"的一种合一。人根本不需要求助外界的力量去获得"德"，人只要通过对自身精神的控制来保持"德"的完整和圆满就行了。人只要保持了自己所具有的这种本性，就是拥有了"上德"。"上德不德"也就是说"上德"是不需要借助于外力，只要人能保持自身不受外物的干扰，精神处于天然的状态，不以物喜不以己悲。相反地，如果人为外物所引诱，不能保持自身的天然本性，那么人就只是世间联系着的千千万万事物中的一个点，这个点会受到与它相联系的其他事物的干扰，人在这种情况下就会丧失自我，也就失掉了本性，丧失了"德"。如果人在这种关系中仍能保持自我本质的自由，不会因为外物而改变，那么就是对自身本质的表现，是"德"的获得。

最后，韩非子认为，要想保持本我，获得"德"就要做到虚神以待，不因外物的影响而改变，保持自我的自由和本真。

（五）结论：不管是说理还是论德，韩非子都是为了解读老子的最高哲学概念"道"。"道"是大千世界的变化总和。老子给"道"取的这些"名"都从不同方面反映了"道"的本质和真相。夷、希、微——反映变化是缓慢而不易觉察的；大、逝、远——反映变化是宇宙性的、无处不在的；反——反映变化是向相反的方面转化，是否定之否定、周而复始并螺旋式上升，每个"名"都是对"道"的逼近，但没有一个"名"能够全面地表达"道"的内涵。所有的"名"都只具有相对的真理性，也就是说，道之全面根本的解读，并非言语所能具体论述；即使我们对它采取各种方法加以说明，也只能稍稍窥得一点点粗略的意象，这种粗略，还不足能为它定名，是以"非常名"，是以"常无名"。

第二节　《韩非子·喻老》

【原文】

天下有道，无急患，则曰静，遽传不用。故曰："却走马以粪。"天下无道，攻击不休，相守数年不已，甲胄生虮虱，燕雀处帷幄，而兵不归。故曰："戎马生于郊。"翟人有献丰狐、玄豹之皮于晋文公。文公受客皮而叹曰："此以皮之美自为罪。"夫治国者以名号为罪，徐偃王是也；以城与地为罪，虞、虢是也。故曰："罪莫大于可欲。"

....

制在己曰重，不离位曰静。重则能使轻，静则能使躁。故曰："重为轻根，静为躁君。"故曰："君子终日行，不离辎重也。"邦者，人君之辎重也。主父生传其邦，此离其辎重者也，故虽有代、云中之乐，超然已无赵矣。主父，万乘之主，而以身轻于天下。无势之谓轻，离位之谓躁，是以生幽而死。故曰："轻则失臣，躁则失君。"主父之谓也。

势重者，人君之渊也。君人者，势重于人臣之间，失则不可复得矣。简公失之于田成，晋公失之于六卿，而上亡身死。故曰："鱼不可脱于深渊。"赏罚者，邦之利器也，在君则制臣，在臣则胜君。君见赏，臣则损之以为德；君见罚，臣则益之以为威。人君见赏，而人臣用其势；人君见罚，而人臣乘其威。故曰："邦之利器，不可以示人。"

....

有形之类，大必起于小；行久之物，族必起于少。故曰："天下之难事必作于易，天下之大事必作于细。"是以欲制物者于其细也。故曰："图难于其易也，为大于其细也。"千丈之堤，以蝼蚁之穴溃；百尺之室，以突隙之烟焚。故曰：白圭之行堤也塞其穴，丈人之慎火也涂其隙。是以白圭无水难，丈人无火患。此皆慎易以避难，敬细以远大者也。扁鹊见蔡桓公，立有间。扁鹊曰："君有疾在腠理，不治将恐深。"桓侯曰："寡人无疾。"扁鹊出。桓侯曰："医之好治不病以为功。"居十日，扁鹊复见曰："君之病在肌肤，不治将益深。"桓侯不应。扁鹊出。桓侯又不悦。居十日，扁鹊复见曰："君之病在肠胃，不治将益深。"桓侯又不应。扁鹊出。桓侯又不悦。居十日，扁鹊望桓侯而还走，桓侯故使人问之。扁鹊曰："病在腠理，汤熨之所及也；在肌肤，针石之所及也；在肠胃，火齐之所及也；在骨髓，司命之所属，无奈何也。今在骨髓，臣是以无请也。"居五日，桓侯体痛，使人索扁鹊，已逃秦矣。桓侯遂死。故良医之治病也，攻之于腠理。此皆争之于小者也。夫事之祸福亦有腠理之地，故圣人蚤从事焉。

....

夫物有常容，因乘以导之。因随物之容，故静则建乎德，动则顺乎道。宋人有为其君以象为楮叶者，三年而成。丰杀茎柯，毫芒繁泽，乱之楮叶之中而不可别也。此人遂以功食禄于宋邦。列子闻之曰："使天地三年而成一叶，则物之有叶者寡矣。"故不乘天地之资而载一人之身，不随道理之数而学一人之智，此皆一叶之行也。故冬耕之稼，后稷不能羡也；丰年大禾，臧获不能恶也。以一人之力，则后稷不足；随自然，则臧获有余。故曰：

"恃万物之自然而不敢为也。"

空窍者,神明之户牖也。耳目竭于声色,精神竭于外貌,故中无主。中无主,则祸福虽如丘山,无从识之。故曰:"不出于户,可以知天下;不窥于牖,可以知天道。"此言神明之不离其实也。

··········

楚庄王莅政三年,无令发,无政为也。右司马御座而与王隐曰:"有鸟止南方之阜,三年不翅,不飞不鸣,嘿然无声,此为何名?"王曰:"三年不翅,将以长羽翼;不飞不鸣,将以观民则。虽无飞,飞必冲天;虽无鸣,鸣必惊人。子释之,不谷知之矣。"处半年,乃自听政。所废者十,所起者九,诛大臣五,举处士六,而邦大治。举兵诛齐,败之徐州,胜晋于河雍,合诸侯于宋,遂霸天下。庄王不为小害善,故有大名;不蚤见示,故有大功。故曰:"大器晚成,大音希声。"

··········

子夏见曾子,曾子曰:"何肥也?"对曰:"战胜,故肥也。"曾子曰:"何谓也?"子夏曰:"吾入见先王之义则荣之,出见富贵之乐又荣之,两者战于胸中,未知胜负,故癯。今先王之义胜,故肥。"是以志之难也,不在胜人,在自胜也。故曰:"自胜之谓强。"

周有玉版,纣令胶鬲索之,文王不予;费仲来求,因予之。是胶鬲贤而费仲无道也。周恶贤者之得志也,故予费仲。文王举太公于渭滨者,贵之也;而资费仲玉版者,是爱之也。故曰:"不贵其师,不爱其资,虽知大迷,是谓要妙。"

【译文】

天下太平稳定,没有急难祸患,这就是静,传递紧急公文的快车也都不用了。所以《老子》说:"歇下奔跑的马儿,用来运肥耕田。"天下不太平安定,战争频繁,互相防守多年都不能停歇,连将士的盔甲上都长出了虱子,燕子麻雀也在军营里筑起了窝,而士兵仍不能返回家园。所以《老子》说:"战马生于郊外。"有个翟人把大狐狸和黑豹的皮进献给晋文公。文公接受了客人的兽皮后感叹道:"狐豹因为皮的美丽给自己带来了灾祸。"那些治理国家的国君因为名号而带来祸害的,徐偃王就属于这种情况;那些因为城池与土地造成祸害的,虞国和虢国就属于这种情况。所以《老子》说:"罪过中没有比可以引起欲望的东西更大的了。"

《韩非子》的智慧

…………

控制臣民的权力掌握在自己手中叫作"重",不离开君位叫作"静"。"重"就能役使权位轻的臣下,"静"就能驾驭躁动的群臣。所以《老子》说:"重是轻的根本,静是躁的主宰。"所以《老子》又说:"君子整天走路,都不离开装有重要物资的运输车。"国家就是君主的辎重。赵武灵王活着的时候就迫不及待传位给儿子,这就是离开了他的"辎重",所以虽然有代地和云中的快乐之事,但是却是远离并失去赵国了。赵武灵王是拥有万乘之车的大国君主,却让自己处在天下人所轻视的境地。失去权势叫作轻,离开君位叫作躁,因此他被活活囚禁而饿死了。所以《老子》说:"权势轻微就会失去臣子,浮躁不安就会失去君位。"说的就是赵武灵王这样的君主。

权势对于君主而言,就如同赖以生存的深潭对于鱼儿而言。君主一旦使自己的权势落到了臣子的手中,那么失去的权势就不可能再得到了。齐简公把自己手中的权势给了田成子,晋国的君主也把自己手中的权势丢给了晋国的六卿,结果国破身死。所以《老子》说:"鱼儿不可以离开深潭。"赏和罚是国家的武器,只有掌握在君主手里才能让君主制服臣子,掌握在臣子手里就会使臣子压倒君主。君主显露出赏赐的意愿,臣子就会减少一部分赏赐再以自己的名义去显示自己的恩德;君主显露出惩罚的意愿,臣子就会增加一部分惩罚以显示自己的威重。所以《老子》说:"国家的锐利武器,不可以显露给别人观看。"

…………

有形的物体,大的必定是从小的发展而来;长久形成的事物,数量多的必定是从数量少的积累而来。所以《老子》说:"天下的难事必定始于简易,天下的大事必定始于细微。"要想了解和控制事物,就要从细微时着手。《老子》又说:"解决难的问题就要从简单的问题下手,想要干成大事就要从小事处着手。"几千里的长堤,因为小小的蝼蚁洞窟而溃决;高百尺的大厦,因为烟囱缝隙的漏火而毁于一旦。所以人们常说:治水专家白圭巡视长堤时会去堵塞细小的洞,老年人们谨慎对待防火而去用泥涂抹烟囱的缝隙。因此白圭治理的地方就没有水灾,老人们居住的房子则没有火灾。这些都是谨慎地对待细小而容易的事情从而避免困难的事情,郑重地对待那些被我们发现的小的漏洞,从而避免大的灾祸。扁鹊去拜见蔡桓公,扁鹊只站了一会儿,就对桓公说:"您身体有点小问题,目前还很细小,就在汗毛孔,如果不治疗恐怕会加重。"桓公说:"我没有问题。"扁鹊出去后,桓公又说:"医生喜欢把那些没病的人治好来彰显自己的功劳。"过了十天,扁鹊再次拜见桓公，扁鹊说："您的病已经到达肌肤了，不治疗的话就会更进一步加深了。"桓侯不理他。扁鹊出去后，桓侯仍然不高兴。过了十天，扁鹊又一次拜见桓侯，扁鹊说："您的病已经到了肠胃，不治疗的会更加厉害。"桓侯再次不理睬他。扁鹊出去后。桓侯再次表示不高兴。又过了十天，扁鹊看见桓侯转身就跑，桓侯特意派人去问他。扁鹊说："病在毛孔时，用药物熏敷就可以治好；病到了肌肤，针灸也可以治好；病到了肠胃，清热的汤药可以治好；等疾病到了骨髓，属于司命神管辖的范围，我已经没有办法了。现在君主的疾病已经入骨髓，因此我就不再请求给他治疗了。"过了五天，桓侯身体疼痛难忍，派人去找扁鹊，扁鹊已经逃往秦国了。于是桓侯也死了。所以好的医生治病，都是趁病还在毛孔时就加以治疗，这种做法是为了抢在事情刚发展的时候及早处理。一件事的祸福也类似，有刚露苗头的阶段。所以《老子》说："圣人能够及早对事情加以处理。"

…………

万物都有自己的固有态势，应该因势利导。顺应了万物的态势，所以静止的时候能顺应本性，运动的时候能顺应规律。宋国有个人，给他的君王用象牙雕刻出楮叶，三年才雕刻成。它的脉络、筋膜、细芒和色泽，就是混杂在真楮叶中也无法辨别出来。这个人就以此功劳而在宋国当官。列子听到后说："假使自然界要经过三年才长成一片叶子，那么现实中有叶子的植物也就很少了。"所以那种不依靠自然的力量而仅凭一个人的力量，不顺应自然规律而仅凭一个人的智巧，那些就都是用三年时间雕刻一片叶子的行为了。所以冬天里种出的庄稼，后稷也不能使它多产；丰年里旺盛的庄稼，奴仆也不能使它枯败。仅凭一人力量，那么就算后稷也将难以成事；顺应自然规律的话，就是奴仆们去管理也会绰绰有余。所以《老子》说："依仗万物的规律自然而然地发展，而不敢勉强去做。"

耳朵、眼睛等五官是精神的门窗。如果耳朵和眼睛只用来享受音乐和美色，精神全部花费在外在仪表上，那么内心就没有主宰。内心没有主宰，那祸福即使像高山那么明显，也没有办法认识它。所以《老子》说："不出门，就可以了解天下的事情；不看窗外，就可以认识日月星晨运行的自然规律。"这是说人的精神不能离开自己的身体。

…………

楚庄王亲自执政三年来，没有发布过任何命令，没有处理过任何政事。右司马侍候在旁边，用隐晦的比喻提醒庄王："有一只鸟栖息在南边的土丘上，三年不展翅，不飞翔也不鸣叫，缄默无声，这鸟是怎么了呢？"庄王说："三年不展翅，是用来让羽翼丰满的；不

▶ 《韩非子》的智慧

飞翔也不鸣叫,是以此来观察民众们的行为习惯。虽然还没有飞翔,但一飞必定冲天;虽然还没有鸣叫,但一鸣必定惊人。你放心吧,我已经知道你的意思了。"过了半年,庄王就亲自处理政事了。废除的事情有十件,举办的事情有九件,诛杀了五个大臣,晋用了六个没有被任用的读书人,把国家治理得非常好。庄王又起兵征讨齐国,在徐州打败了齐国,在黄河和衡雍之间战胜了晋国的军队,在宋国会合天下诸侯,于是称霸天下。庄王不因小事妨害自己的长处,因而能有大名;不过早表露自己的才能,因而能有大功。所以《老子》说:"大器晚成,大音希声。"

…………

子夏遇见了曾子,曾子说:"你为何胖了?"子夏回答说:"打仗胜利了,所以胖了。"曾子说:"此话怎讲?"子夏说:"我在家里学习时看见古圣先王的大道理,内心非常敬仰,出门后看见荣华富贵之事又总会心生羡慕,这两种羡慕的情绪在心里一直斗争不休,无法弄清谁胜谁负,所以日渐憔悴消瘦。如今古圣先王的道理取胜了,所以我也就胖了。"因此每个人立志的困难,不在于战胜别人,而在于战胜自己。所以《老子》说:"能够战胜自己就叫做强。"

周族拥有一块玉版,殷纣王派胶鬲前去索要,周文王没有给他;而费仲前去索求,文王就给了他。这是因为胶鬲是位贤臣而费仲是个奸佞之人。周人讨厌贤德之人在殷商得志,才把玉版给了费仲。周文王在渭水边提拔了姜太公,是因为尊重太公;而把玉版给费仲,则是看中费仲小人得志后可以扰乱殷商。所以《老子》说:"假如不尊重他的老师,不珍惜可以拿来利用的资源,即使聪明,也会被大事迷惑,这是最精妙的道理。"

【解读】

(一)解题:控制权掌握在自己手中叫作重,不离开君位叫作静。重就能役使轻,静就能驾驭躁,所以《老子》说:"重是轻的根本,静是躁的主宰。"

(二)"君子整天走路,不离开辎重。"国家即是君主的辎重。赵武灵王活着就传位给儿子,这就是离开了他的"辎重",所以虽然有代地和云中的乐事,飘飘然已失去赵国了。赵武灵王是主父,却让自己被天下人所轻视。失去权势叫作轻,离开君位叫作躁,因此被活活囚禁而饿死了。所以《老子》说:"轻,就会失去臣下;躁,就会丢掉君位。"说的就是赵武灵王这类情况。

（三）这里需要进一步说明的是：

第一，文中的主父，即赵武灵王。韩非子说他生在世传王位于其子，此离其辐重者也。第二，春秋列国时期的代国：故地在今河北蔚县，始封之君不详，为商汤所封，战国时期被赵国所灭。（历史记载：赵襄子使人请代王。使厨人操铜枓以食代王及从者，行斟，阴令宰人各以枓击杀代王及从官，遂兴兵平代地）第三，"云中郡"一地，城址在现在的托克托县，归呼和浩特市管辖，都是武灵王设置的郡名。

（四）韩非子在这里所说的事，指赵惠文王三年（公元前296年），主父从代地回赵都，行赏大赦，摆酒庆功，事见《史记·赵世家》，文中的超然，韩非子比喻为飘飘然已无赵矣。此事的详情是这样的：赵武灵王是战国时期赵国的第六位君主，主政时期政治清明，军事上推行"胡服骑射"，国力得到迅速提升，灭中山，连续击败北方异族，修建赵长城，赵足以与秦抗衡。他在统治的第27年，将王位传给自己的儿子，自己则掌管军权。这一操作本想让自己专注于沙场征战，但却招致了杀身之祸。

赵武灵王退位主要有两点原因：其一是宠爱妃子吴娃。太子公子章生母去世后，他十分喜爱妃子吴娃，废掉了公子章，立吴娃的儿子为太子，后来干脆将王位让给了吴娃的儿子，也就是赵惠文王。其二是顾虑权力无法交接。为了避免自己死后权力无法顺利交接，就在有生之年保障权力交接的完成。让自己主管军事，自己的儿子成为国王主管政治，将国家的权利一分为二。

那么为什么要将政权和军权分开呢？主要是害怕自己在战斗中出现意外，自己的儿子无法顺利登上王位。自己主动退位之后，可以尽情地率军征战，再也不用担心别人会趁自己外出征战的时候进行政变。如果自己不幸战死，自己的儿子牢牢掌控着政权，自己的国家也不至于发生内乱，还会继续保持着安定。

起初，赵武灵王很为自己的妙计而窃喜，但这种方法的弊病很快就暴露了出来。俗话说，天无二日，民无二主。赵武灵王的意图虽然是让位，但并不能让自己失去权力，但自己的儿子赵惠文王登位之后，也不甘心做傀儡，久而久之，两个国王由曾经的父子变成了政敌。

随后，赵武灵王暗地里扶植公子章的势力，以便抗衡赵惠文王，试图坐收渔翁之利，让自己重归王位。但是这场政变中，赵武灵王和公子章彻底失败了，自己也被困在城中活活饿死，结束了自己的一生，享年45岁。赵武灵王在位27年，在他的文治武功之下，赵国的国力得到了飞速的提升。他在军事上是一把好手，但在政治上则显得非常稚嫩，接连做了两个错误的决定，首先是决定放弃权力，其次还想重新夺回权力，这样反复的操作，前者让自己丢了王位，后者让自己丢了性命，确实令人唏嘘，他的结局乃万乘之主，而以身轻于天下的绝好事例。

（五）结论：我们可以看到，在这里，无势之谓轻，此中韩非子已给"轻""躁"二字赋予了新的内涵，离位之谓躁，是以生幽囚禁而死。故曰："轻则失臣。"《老子》原文"臣"作"根"。失臣，失去对臣下的控制，躁则失君，失君，失去君位。《老子》中的"君"非君臣之"君"，而系主宰之义。这里韩非子通过置换概念的内涵给予了其重新定义。

第三节　《韩非子·存韩》

【原文】

韩事秦三十余年，出则为扞蔽，入则为席荐。秦特出锐师取而地韩随之，怨悬于天下，功归于强秦。且夫韩入贡职，与郡县无异也。今日臣窃闻贵臣之计，举兵将伐韩。夫赵氏聚士卒，养从徒，欲赘天下之兵，明秦不弱则诸侯必灭宗庙，欲西面行其意，非一日之计也。今释赵之患，而攘内臣之韩，则天下明赵氏之计矣。夫韩，小国也，而以应天下四击，主辱臣苦，上下相与同忧久矣。修守备，戎强敌，有蓄积，筑城池以守固。今伐韩，未可一年而灭，拔一城而退，则权轻于天下，天下摧我兵矣。韩叛，则魏应之，赵据齐以为原，如此，则以韩、魏资赵假齐以固其从，而以与争强，赵之福而秦之祸也。夫进而击赵不能取，退而攻韩弗能拔，则陷锐之卒勤于野战，负任之旅罢于内攻，则合群苦弱以敌而共二万乘，非所以亡赵之心也。均如贵臣之计，则秦必为天下兵质矣。陛下虽以金石相弊，则兼天下之日未也。

今贱臣之愚计：使人使荆，重币用事之臣，明赵之所以欺秦者；与魏质以安其心，从韩而伐赵，赵虽与齐为一，不足患也。二国事毕，则韩可以移书定也。是我一举二国有亡形，则荆、魏又必自服矣。故曰："兵者，凶器也。"不可不审用也。以秦与赵敌衡，加以齐，今又背韩，而未有以坚荆、魏之心。夫一战而不胜，则祸构矣。计者，所以定事也，不可不察也。韩、秦强弱，在今年耳。且赵与诸侯阴谋久矣。夫一动而弱于诸侯，危事也；为计而使诸侯有意我之心，至殆也。见二疏，非所以强于诸侯也。臣窃愿陛下之幸熟图之！攻伐而使从者闻焉，不可悔也。

诏以韩客之所上书，书言韩子之未可举，下臣斯。甚以为不然。秦之有韩，若人之有腹心之病也，虚处则然，若居湿地，著而不去，以极走，则发矣。夫韩虽臣于秦，未尝不为秦病，今若有卒报之事，韩不可信也。秦与赵为难。荆苏使齐，未知何如。以臣观之，则齐、赵之交未必以荆苏绝也；若不绝，是悉秦而应二万乘也。夫韩不服秦之义而服于强也。今专于齐、赵，则韩必为腹心之病而发矣。韩与荆有谋，诸侯应之，则秦必复见崤塞之患。

非之来也，未必不以其能存韩也为重于韩也。辩说属辞，饰非诈谋，以钓利于秦，而以韩利窥陛下。夫秦、韩之交亲，则非重矣，此自便之计也。

臣视非之言，文其淫说靡辩，才甚。臣恐陛下淫非之辩而听其盗心，因不详察事情。今以臣愚议：秦发兵而未名所伐，则韩之用事者以事秦为计矣。臣斯请往见韩王，使来入见，大王见，因内其身而勿遣，稍召其社稷之臣，以与韩人为市，则韩可深割也。因令蒙武发东郡之卒，窥兵于境上而未名所之，则齐人惧而从苏之计，是我兵未出而劲韩以威擒，强齐以义从矣。闻于诸侯也，赵氏破胆，荆人狐疑，必有忠计。荆人不动，魏不足患也，则诸侯可蚕食而尽，赵氏可得与敌矣。愿陛下幸察愚臣之计，无忽。

秦遂遣斯使韩也。

李斯往诏韩王，未得见，因上书曰："昔秦、韩戮力一意，以不相侵，天下莫敢犯，如此者数世矣。前时五诸侯尝相与共伐韩，秦发兵以救之。韩居中国，地不能满千里，而所以得与诸侯班位于天下，君臣相保者，以世世相教事秦之力也。先时五诸侯共伐秦，韩反与诸侯先为雁行以向秦军于阙下矣。诸侯兵困力极，无奈何，诸侯兵罢。杜仓相秦，起兵发将以报天下之怨而先攻荆。荆令尹患之，曰："夫韩以秦为不义，而与秦兄弟共苦天下。已又背秦，先为雁行以攻关。韩则居中国，展转不可知。"天下共割韩上地十城以谢秦，解其兵。夫韩尝一背秦而国迫地侵，兵弱至今，所以然者，听奸臣之浮说，不权事实，故虽杀戮奸臣，不能使韩复强。

"今赵欲聚兵士，卒以秦为事，使人来借道，言欲伐秦，其势必先韩而后秦。且臣闻之：'唇亡则齿寒。'夫秦、韩不得无同忧，其形可见。魏欲发兵以攻韩，秦使人将使者于韩。今秦王使臣斯来而不得见,恐左右袭曩奸臣之计,使韩复有亡地之患。臣斯不得见,请归报,秦韩之交必绝矣。斯之来使,以奉秦王之欢心,愿效便计,岂陛下所以逆贱臣者邪?臣斯愿得一见,前进道愚计,退就菹戮,愿陛下有意焉。今杀臣于韩,则大王不足以强,若不听臣之计,则祸必构矣。秦发兵不留行,而韩之社稷忧矣。臣斯暴身于韩之市,则虽欲察贱臣愚忠之计,不可得已。过鄢残,国固守,鼓铎之声于耳,而乃用臣斯之计,晚矣。且夫韩之兵于天下可知也,今又背强秦。夫弃城而败军,则反掖之寇必袭城矣。城尽则聚散,则无军矣。城固守,则秦必兴兵而围王一都,道不通,则难必谋,其势不救,左右计之者不用,愿陛下熟图之。若臣斯之所言有不应事实者,愿大王幸使得毕辞于前,乃就吏诛不晚也。秦王饮食不甘,游观不乐,意专在图赵,使臣斯来言,愿得身见,因急于陛下有计也。今使臣不通,则韩之信未可知也。夫秦必释赵之患而移兵于韩,愿陛下幸复察图之,而赐臣报决。"

【译文】

韩国侍奉秦国三十多年了,出门就像常用的袖套和车帷,进屋就像常坐的席子和垫子。秦国只要派出精兵攻取别国,韩国总是追随它,怨恨结于诸侯,利益归于强秦。而且韩国进贡尽职,与秦国的郡县没有什么区别。如今我却听说陛下和您尊贵的臣子们计议准备发兵伐韩。赵国聚集士兵,收养主张合纵的人,准备联合各国军队,宣扬不削弱秦国则诸侯必定灭亡,赵国还打算西向攻秦来实现它的意图,而且这个意图并非一朝一夕的计划。如今大王丢下赵国这个祸患,而要除掉像内臣一般的韩国,那么天下各国就会更加明白赵国合纵攻秦的计谋是正确的。韩国这个小国,要对付四面八方的攻击,君主受辱,臣子受苦,君臣上下同忧共患很久了。修筑防御工事,警戒强大敌人,积极储备物资,拼命修牢城池以便固守。在这种形势下伐韩,并不能使其一年就灭国,单单攻克一城便要退兵,秦国就会被天下轻视,各国就会摧垮秦军。韩国如果背叛,魏国就会响应,赵国依靠齐国作后盾,这样一来,就是用韩国和魏国帮助赵国,赵国同时再依靠齐国巩固合纵,与秦国争强,这种结果是赵国的福气,秦国的祸害。如果向前进攻赵国不能取胜,退回来攻取韩国也不能攻下,而冲锋陷阵的士兵会苦于野外的交战,补充供给的运输队伍会疲于军内的消耗,这就等于集合了一批困苦疲劳的军队来对付赵国和齐国这两个大国,这是不合灭韩本意的。要是完全按照大王尊贵的臣子们的计谋行事,那秦国必定会成为天下各国的共同目标。陛下您虽然如同金石般长寿，那兼并天下的日子也不会到来的。

如今我的计策是：派人出使楚国，用重金贿赂楚国的执政大臣，让楚国明白赵国欺骗秦国的伎俩；给魏国送去人质使其心安，联合韩国讨伐赵国，这样即使赵国与齐国联合，也不值得担忧。等到赵国和齐国的事情了结，韩国发一道文书就可以平定了。这样，我们秦国仅凭一举而使赵国和齐国成灭亡之势，楚国和魏国也一定会自动臣服。所以《老子》说："军队是凶暴的工具"，是不可不慎用的。秦国和赵国实力差不多，如果加上齐国为敌，如今又排斥韩国，同时又没有用来坚定楚国、魏国与秦国联盟的措施。如果秦国伐韩这一仗打不胜，就会构成大祸。计谋是决定事情成败的重要环节，因此不能不慎重考虑。究竟赵国和秦国谁强谁弱，不出今年就可见分晓。再说赵国和其他诸侯私下里谋划已经很久了。如果秦国因为伐韩而不能尽灭，这一次行动就会使秦国暴露自己的弱点，这才是危险的事；谋划却使诸侯产生算计秦国的想法，这是最大的危险。出现了上面这两种疏漏，那么伐韩就绝不是在天下诸侯面前称强的办法。我真心希望陛下周密考虑这件事！若因伐韩而使合纵的国家钻了空子，后悔可就来不及了。

秦王下令将韩国客人韩非的上书以及上书中言及韩国不可攻取的事，下达给大臣李斯。李斯对韩非的说法非常不以为然。秦国边上有韩国，就像人的心腹部位生病了一样，平时无事的时候就已经很难受，就如同居住在潮湿的地方一样，被这病痛缠绕着无法摆脱，一旦要快跑赶路，这病就发作了。韩国虽然向秦国称臣，但不一定就不是秦国的心病，现在如果有紧急报告的事情，韩国是不可信任的。秦国和赵国敌对，荆苏出使齐国劝说他们与赵国绝交，不知结果如何。依下臣看来，齐国、赵国之间的联盟未必因为荆苏的出使断绝；如果齐国与赵国之间的联盟不断绝，这就是要秦国尽全力来应付两个拥有万辆军车的国家。韩国并不是服从于秦国的道义，而只是屈服于秦国的强大。现在如果秦国集中精力应对于齐国和赵国，那么韩国就一定会成为秦国的心腹之病从而发作。韩国与楚国如果合谋攻打秦国，诸侯国响应它们，那么秦国就会再现诸侯追兵逼近函谷关那样的祸事。

韩非这次到秦国来，未必不是存着以他的才能保全韩国，从而在韩国求得更重要的地位的目的。韩非能言善辩，而且擅长以文辞掩饰欺诈的算计，以便在秦国捞取好处，而为了韩国的利益来试探陛下您。如果秦国和韩国的交往亲密起来，那么韩非的地位就重要了，这是有利于他自己的打算。

▶ 《韩非子》的智慧

　　我认真考察韩非的言辞，他用华丽的言辞修饰惑乱人心，很有才华。我恐怕陛下您被韩非华丽的言辞所迷惑而顺从了他从秦国捞取好处的野心，因而不详细考察事情的真实情形。现在依下臣愚昧的计议：秦可以派军队出去而不说明要去进攻谁，那么韩国的执政者就会把侍奉秦国作为自己的策略。下臣李斯我请求前往面见韩王，让韩王前来秦国朝见您，大王您见到韩王，趁机扣留他而不让他回去，随即召集韩国的执政大臣，用韩王来和韩国人谈判，那么韩国的土地就可以大量地被割占了。又趁势命令蒙武发动东郡的士兵，陈兵在国境上而不说明去处，那么齐国人就会恐惧而听从荆苏的计策，这样我国的军队还未出动而强大的韩国就被我们用威力擒住，强大的齐国则因为道义而服从。各诸侯国听到这个消息，赵国人会吓破胆，楚国人会犹豫不决，必然会形成忠于我国的计策。楚国人不敢行动，魏国就不用担心了，而各诸侯国就可以被我们像蚕吃桑叶一样地消灭，这样就可以和赵国对抗了。希望陛下您能够审察愚臣我的计策，不要忽视它。

　　秦王于是便派李斯出使韩国。

　　李斯前往告谕韩王，没能入宫见到韩王，因而上书韩王说："从前秦国、韩国能同心协力互不侵扰，也使得天下各国不敢来侵犯，像这样平安度过了很多年月。前些年五个诸侯国曾联合来攻打韩国，秦国发兵救援韩国。韩国位于中原之地，整个国土不满千里，它之所以能与各诸侯国并列于天下，君臣上下都得以保全，只是凭着世世代代侍奉秦国的结果。早些时候魏国、赵国等五国共同攻打秦国，韩国是雁阵的头雁，率先组织队伍到函谷关下向秦军进攻。各诸侯国军队疲惫、力量耗尽，对秦军无可奈何，因此撤军回国。等到杜仓担任秦相，发兵遣将来报复天下伐秦的怨仇，但却先进攻楚国。楚国的令尹感到忧虑，说：'韩国认为秦国不义，但又与秦国结为兄弟一起令天下各国痛苦。后来又背叛了秦国，率先组织队伍来进攻函谷关。韩国这个地处中原的国家，才是反复无常、变化莫测呀！'天下各国共同迫使韩国割让了上党地区的十座城池来向秦国谢罪，解除秦军的威胁。韩国这一次背叛秦国便使国家土地被割让，兵力衰弱至今。之所以会这样，是因为听信了奸臣的不实之言，没有权衡事实，后来虽然杀掉了奸臣，也不能使韩国再度强盛起来。"

　　"现在赵国准备聚集军队，打着攻秦的旗帜，派人来向韩国借道，告诉韩国他们要进攻秦国，但这种形势赵国一定是先攻打韩国而后攻打秦国。况且我听说过这样的话：'嘴唇没有了，牙齿就会遭受寒冷。'秦国和韩国不能不遭受同样的忧患，这种情形已经可以看出。魏国想要调兵来进攻韩国，秦国便派人将魏国派去秦国的使者递交到韩国。现在秦王派他的臣子李斯我来韩国却不能见到陛下您,恐怕您身边的大臣又在沿袭从前背叛秦国的计策,而使韩国又陷入失去土地的祸患。臣李斯我不能见到您,请求回去如实汇报,那么秦国和韩国的邦交一定会断绝。我出使韩国的目的是讨得秦王的欢心,也愿意给您献上有利的计谋,难道这就是陛下您接待我的适宜方式吗?臣李斯我希望能见您一面,当面向您讲解我愚拙的计策,然后再退回来接受被剁成肉泥的刑罚,恳请陛下留意我的这番话。现在把我杀死在韩国,大王您并不会因此而强大,但如果您不听我的计策,那韩国必然会构成祸患。秦国如果发兵不停歇地前进,那么韩国的江山就堪忧了。臣李斯我如果在韩国的街头被暴尸示众,那么陛下您想再听我愚拙的计策,也不再可能了。等到韩国边境残破,国都需要坚守,战鼓之声不绝于耳,这时再采用臣李斯的计策,就来不及了。况且韩国的兵力是被天下诸侯所熟知的,现在又背叛了强大的秦国。如果弃守城邑,军队又吃了败仗,那么离陛下您最近的敌人,那些内部谋叛的人一定会乘虚而入攻击城邑。城邑丢弃了,那么人马也就散了,人马散了,那国家就没有军队了。如果固守城邑,那么秦国一定会派兵包围其中的一座大城,使通向它的道路被阻断,谋划就困难重重,这种形势就无法挽救,您左右大臣的计谋也没用,希望陛下您认真考虑。如果李斯我所说的话有不符合事实的地方,也希望大王您允许我把话说完,然后再把我送到狱吏那里去也不迟。秦王吃东西不觉香甜,游玩不觉快乐,一心只谋取攻打赵国,派臣李斯我来传话,希望能亲自见到您,着急和大王您商量计策。如今作为使臣的我都无法和陛下您对话,那么韩国的忠诚就不得而知了。秦国一定会放下赵国这个祸患而把兵力转向韩国,希望陛下您再一次认真考虑这个问题,再赐给我您的决定。"

【解读】

(一)解题:《存韩》篇主要是韩非子和李斯围绕是否保存韩国作为主权国家存在而展开的激辩,两人战略理念不同,利益诉求也不同,势同水火,相互攻伐。

(二)本篇有三方面内容:其一为韩非子给秦王政的上书,劝说秦王不要攻打韩国,给出存韩的理由。其二为李斯给秦王的上书,驳斥韩非子的上书内容,并献上了自己的具体措施。其三为李斯出使韩国,给韩王安的上书,组织韩国与赵国结盟,劝说并麻痹韩国,掩盖秦国伐韩的意图。

(三)我们先来看一下韩非子给秦王政的上书,他是用什么理由来阐述他存韩的主张的。

首先，感情牌。韩非子在上书的一开始就说，韩国紧邻秦国，一直以来都是秦国的屏障，帮秦国阻挡了东面各国的进攻。同时，韩国一贯以来的姿态便是"唯秦国马首是瞻"，不敢存丝毫僭越之心。而且韩国在充当秦国马前卒的过程中，也得罪了其他国家。就这么一个对秦国没有任何威胁，如同秦国附属郡县的一个小国家，去讨伐他完全没有任何利益可言。甚至还会损害秦国在天下的声誉，白白便宜了赵国。

其次，祸水东引。韩非子知道秦王一统天下的雄心，其实我们读他的文章，也能感受到他对一统天下的期盼。只是这种政治上的追求和情感上的要求冲突的时候，他试图能加以调和。他在上书中阐述了赵国的野心和威胁，而且在当时赵国的将军李牧确实打败了秦国，韩非子抓住赵国这根救命稻草，不断地分析伐韩实为助赵，只会增加赵国合纵的筹码和力量。他还分析道，如果秦国伐韩必然会激起韩国上下同仇敌忾，这样秦国一时无法攻下，赵国和齐国又趁此机会与秦国作战，必然会令秦国陷入泥潭，会因此破坏了一统天下的计划。

最后，韩非子深刻了解秦王政的野心和秦国上下伐韩的准备，不可能通过自己几句话而打消，所以他提出了具体的解决策略。联合楚国和魏国，派人用丰厚的财物打动楚国执政的大臣，再以子质于魏国；楚魏联合好以后，再要求韩国加入，然后一起去攻打赵国，这时候力量强大，即使赵国联合齐国抵抗，也不足为惧。而韩国，这个一直以来唯秦国马首是瞻的小国，给他一个通告，他就会乖乖俯首称臣了。

（四）秦王政作为意欲一统天下的帝王，是不可能仅凭韩非子这个书生的几句话就改变伐韩的策略的。秦王随即让人将韩非子的上书下达给了李斯。李斯作为实战派法家代表人物，驳斥韩非子存韩的每一步都非常有针对性，且稳准狠踩中秦王关注的利益点，将韩非子的策略绞杀淹没。

首先，驳秦韩亲密关系。针对韩非子所阐述的秦、韩两国关系，是因为韩国惧怕秦国的军事威慑。那么在这个各国相互攻伐兼并的时代，韩因为惧怕必然对秦有怨，一旦有变，就是秦身边的隐形杀手。就算为了利益投靠秦国，明天同样会为了利益背叛秦国。

其次，驳存韩可行性。实行法家思想的秦国，追求的是速效、实战、可行的东西。这就要对每个节点作有效控制，否则就是空中楼阁。李斯说韩非子很有才能，但只是个纸上谈兵的理论派，不具有实战意义。他分析理由如下：其一，如果秦、赵开战，赵国盟友的齐国的动向是不可控的，能不能分化两国关系，其主动权不在我们手里，这就是变数，所以不可行；其二，如果秦国专注于赵、齐两国的战事，对秦国有二心的韩国就可能暗中与楚国图谋不轨，而且秦国并不能有效掌控韩国的这种动态，所以不可行。这两个点都是事关秦国核心利益，因为不可控制，所以不能实行。

再次，驳利益排序。秦国是一个独裁国家，秦王内心认可的是高度的个人主义，绝不会允许任何人染指他的利益。李斯以韩非子的个人利益、韩国利益、秦国利益这三者关系作了先后顺序排位，以此向秦王说明韩非子其实不是为了秦国利益，首先是为了他自己。他给秦王进言，只要秦王同意韩非子的存韩策略，他就能被韩王重用，韩国也能保全国家利益，而秦国一无所获。这就是李斯所说的韩非子是借秦国的手来为自己谋福利，其心可诛。

最后，提出方案且亲自执行。驳韩非子再彻底，也要有一套行之有效的方案，否则也会被看作是假把式。李斯的策略核心其实有两点：一是稳固韩国，通过擒住韩王来稳固韩国关系，具体到将韩王诱骗至秦国软禁，我们可以通过文中李斯给韩王安的上书看出这个策略的实施；二是牵制齐国，以此来威慑其他国家。具体为在齐国边境东郡屯兵，分散齐国注意力，牵制齐国，进而威慑楚国，如此则赵国危矣。

（五）结论：从历史的结果我们可以看出，这场激辩的结果以李斯的主张被采纳而结束。韩非子也因此被李斯姚贾构陷，李斯以韩非子心属敌营为由，说动秦王将韩非子下狱，在秦王忙于统一大业时，李斯伙同姚贾将韩非子鸩杀于异国的监狱。韩非子死于自己的书生意气，更是死于对故国的爱。从《存韩》篇我们可以看出，韩非子虽然给出了一系列存韩的主张，但经不起仔细推敲，所以才会被李斯一一攻破。最主要的原因就在于他并没有站在强秦利秦的角度，而是站在利韩存韩的角度，才会被秦王所厌弃而下狱。韩非子是真真正正的爱国者，他并不同于当时的其他事秦的别国客卿，他有韩王室的血统，对韩国的感情是非常强烈的，一生以强韩存韩为志向，他的爱国情怀贯穿一生，也是他矛盾一生的根源。

同时，与韩非子形成强烈对比的是李斯，他不但受到秦王政的重用，还以个人卓越的政治才能和高超的政治手腕，卓越的政治远见，辅佐秦王嬴政完成了统一六国的大业，也顺应了历史发展的潮流。公元前 230 年，内史腾率兵伐韩，俘虏了韩王安，秦灭六国的战歌由此奏响。秦实现大一统以后，李斯被升任为丞相，在秦国的政治设计和治国策略等方面发挥了其才干,对于秦王朝巩固政权、维护国家统一、促进经济和文化的发展等方面做出了卓越的贡献。李斯建议秦王废除分封制,实行郡县制。他还进言秦王统一文字,随之又统一法律、货币、度量衡和车轨等。这些措施,其实质都是以法家思想为基石,以韩非子所倡导的中央集权和君主专制为原则的,可以说是对韩非子理论的实践化。

第四节　《韩非子·说难》

【原文】

凡说之难:非吾知之有以说之之难也,又非吾辩之能明吾意之难也,又非吾敢横失而能尽之难也。凡说之难:在知所说之心,可以吾说当之。所说出于为名高者也,而说之以厚利,则见下节而遇卑贱,必弃远矣。所说出于厚利者也,而说之以名高,则见无心而远事情,必不收矣。所说阴为厚利而显为名高者也,而说之以名高,则阳收其身而实疏之;说之以厚利,则阴用其言显弃其身矣。此不可不察也。

夫事以密成,语以泄败。未必其身泄之也,而语及所匿之事,如此者身危。彼显有所出事,而乃以成他故,说者不徒知所出而已矣,又知其所以为,如此者身危。规异事而当,知者揣之外而得之,事泄于外,必以为己也,如此者身危。周泽未渥也,而语极知,说行而有功,则德忘;说不行而有败,则见疑,如此者身危。贵人有过端,而说者明言礼义以挑其恶,如此者身危。贵人或得计而欲自以为功,说者与知焉,如此者身危。强以其所不能为,止以其所不能已,如此者身危。故与之论大人,则以为间己矣;与之论细人,则以为卖重。论其所爱,则以为藉资;论其所憎,则以为尝己也,径省其说,则以为不智而拙之;米盐博辩,则以为多而交之。略事陈意,则曰怯懦而不尽;虑事广肆,则曰草野而倨侮。此说之难,不可不知也。

凡说之务,在知饰所说之所矜而灭其所耻。彼有私急也,必以公义示而强之。其意有下也,然而不能已,说者因为之饰其美而少其不为也。其心有高也,而实不能及,说者为之举其过而见其恶,而多其不行也。有欲矜以智能,则为之举异事之同类者,多为之地,使之资说于我,而佯不知也以资其智。欲内相存之言,则必以美名明之,而微见其合于私利也。欲陈危害之事,则显其毁诽而微见其合于私患也。誉异人与同行者,规异事与同计者。有与同污者,则必以大饰其无伤也;有与同败者,则必以明饰其无失也。彼自多其力,则毋以其难概之也;自勇其断,则无以其谪怒之;自智其计,则毋以其败躬之。大意无所拂悟,辞言无所系縻,然后极骋智辩焉。此道所得,亲近不疑而得尽辞也。伊尹为宰,百里奚为虏,皆所以干其上也。此二人者,皆圣人也;然犹不能无役身以进,如此其污也!今以吾言为宰虏,而可以听用而振世,此非能仕之所耻也。夫旷日离久,而周泽既渥,深计而不疑,引争而不罪,则明割利害以致其功,直指是非以饰其身,以此相持,此说之成也。

昔者郑武公欲伐胡,故先以其女妻胡君以娱其意。因问于群臣:"吾欲用兵,谁可伐者?"大夫关其思对曰:"胡可伐。"武公怒而戮之,曰:"胡,兄弟之国也。子言伐之,何也?"胡君闻之,以郑为亲己,遂不备郑。郑人袭胡,取之。宋有富人,天雨墙坏。其子曰:"不筑,必将有盗。"其邻人之父亦云。暮而果大亡其财,其家甚智其子,而疑邻人之父。此二人说者皆当矣,厚者为戮,薄者见疑,则非知之难也,处知则难也。故绕朝之言当矣,其为圣人于晋,而为戮于秦也,此不可不察。

昔者弥子瑕有宠于卫君。卫国之法:窃驾君车者罪刖。弥子瑕母病,人闲往夜告弥子,弥子矫驾君车以出。君闻而贤之,曰:"孝哉!为母之故,忘其刖罪。"异日,与君游于果园,食桃而甘,不尽,以其半啖君。君曰:"爱我哉!亡其口味,以啖寡人。"及弥子色衰爱弛,得罪于君,君曰:"是固尝矫驾吾车,又尝啖我以馀桃。"故弥子之行未变于初也,而以前之所以见贤而后获罪者,爱憎之变也。故有爱于主,则智当而加亲;有憎于主,则智不当见罪而加疏。故谏说谈论之士,不可不察爱憎之主而后说焉。夫龙之为虫也,柔可狎而骑也;然其喉下有逆鳞径尺,若人有婴之者,则必杀人。人主亦有逆鳞,说者能无婴人主之逆鳞,则几矣。

【译文】

大凡游说的困难:不是难在我的才智能够用来向君主进说,也不是难在我的口才能阐明我的主张,也不是难在我敢于无所顾忌地把我对事理的认识全部表达出来。大凡游说的困难:在于了解劝说的对象,也就是劝说的君主的心理,以便用我的说法去迎合这种心理。游说的对象想要追求美名的,如果用厚利去游说他,那么游说者就会被看成节操低下的人,从而得到卑贱的待遇,还必然会被抛弃和疏远。游说的对象想要追求厚利的,却用

▶ 《韩非子》的智慧

美名去说服他，那么游说者就会被看成没有头脑而又脱离实际，建议也必定不会被接受和采纳。游说的对象暗地追求厚利而表面追求美名的，如果用美名向他游说，他就会表面上采纳而实际上疏远游说者；用厚利向他游说，他就会暗地采纳游说者的主张而表面疏远游说者。这些都是不能不明察的。

事情因保密而成功，谈话因泄密而失败。未必是游说者本人泄露了机密，而是谈话中不小心触及到君主心中隐匿的事，如此一来游说者就会遭遇生命危险。君主表面上做了一件事，心里却想着借这件事办成别的事，游说者不但知道了君主所做的事，而且也知道了他做这件事的目的是要做成另一件事，如此一来游说者就会遭遇生命危险。游说者替君主筹划一件不平常的事情并且与君主心意相符，但聪明的人从外部迹象上把这件事推测出来了，这样事情就泄露在了外面，君主一定认为是游说者泄露的，如此一来游说者就会遭遇生命危险。君主对游说者的恩泽还未达到深厚，游说者却在谈论中尽其所知，如果游说的主张得以实行并获得成功，奖赏就会被君主忘记；游说的主张行不通并遭遇失败，游说者就会被君主怀疑，如此一来游说者就会遭遇生命危险。君主有过错，游说者明确地谈论礼义，并指出君主的毛病，如此一来游说者就会遭遇生命危险。君主有时计谋得当而想自以为功，游说者知晓计谋并参与实施，如此一来游说者就会遭遇生命危险。勉强君主去做他没有能力做的事，强迫君主停止他不愿意停止的事，如此一来游说者就会遭遇生命危险。所以游说者如果和君主议论大臣，就会被君主认为是想离间君臣关系；和君主谈论近侍，就会被君主认为是想卖弄自身。和君主谈论君主喜爱的人，就会被君主认为是拉关系；和君主谈论君主憎恶的人，就会被君主认为是搞试探。游说者如果说话直截了当，就会被君主认为是不够聪明而且笨拙；如果谈话琐碎详尽，就会被君主认为是啰嗦而冗长。游说者如果简略陈述意见，就会被君主认为是怯懦而不敢尽言；如果谋划事情时放任自己陈述意见，就会被君主认为是粗野而不懂礼貌。这些游说的困难，是不能不知道的。

大凡游说的要领，在于懂得粉饰君主自夸的地方而掩盖他所羞耻的地方。君主有私人的急切需求，游说者必须坚定地指明这合乎国家利益而鼓励他去做。君主内心有卑鄙的念头，但是无法抑制，游说者必须把这种卑鄙的念头粉饰成美好的事情，并且抱怨他不去做。君主心中有过于高的愿望，而实际上不可能达到，游说者应该为他列举出这件事情的缺点，还要列举出这种愿望的坏处，称赞他不去做。君主喜欢炫耀自己的智慧和能力，游说者就给他举出一些不同情形下的同类事情，多给他提供参照的依据，使他能够从中找到说法和理由，而游说者却假装不知道，这样来帮助他夸耀自己的智慧和能力。游说者想向君主进献保全君主私利的话，那就必须用符合国家利益的美好的名义来阐述它，并且暗示它是完全合乎君主个人的利益的。游说者如果想要述说一件对君主有危害的事，就要明确做了这件事会遇到怎样的毁谤和非议，并且暗示它是与君主个人的祸患相联系的。游说者应该称赞与君主行为相同的另一个人，应该谋划与君主所虑之事相同的另一件事。对于那些和君主行为同样卑污的人，必须加以粉饰，说这样的人没有害处；对于那些和君主同样遭受失败的人，就必须明白，帮他掩饰表明他没有过错。君主自夸能力强大时，就不要用他难以办到的事去打击他；君主自以为决断果敢时，就不要用他的过失去激怒他；君主自以为计谋高明时，就不要用他过去的败绩去使他难堪。游说的主旨没有违逆君主，言辞与君主的心意没有抵触，然后就可以充分施展自己的智慧和口才了。由这种方式得到的结果，是君主对游说者亲近不疑而又能畅所欲言。伊尹做过厨师，百里奚做过奴隶，都是为了求得君主重用。这两个人都是才智过人道德高尚的圣人，但还是不得不身为贱役来求得进用，他们卑微至此呀！现在如果因为我的话能被采用而做厨师和奴隶，可以被采纳用于救世，有才能的人并不认为这是耻辱。经过了漫长的时间，君主的恩泽已经深厚，游说者深远的计谋也不会被怀疑，据理力争也不再会获罪，这样就可以明白地剖析利害得失来建立功业，直接指明是非来端正君主的言行，能这样和君主相互对待，这就是游说成功了。

  从前郑武公想讨伐胡国，故意先把自己的女儿嫁给胡国君主来让他心里高兴。然后问群臣："我想用兵，哪个国家可以讨伐？"大夫关其思回答说："胡国可以讨伐。"武公发怒而杀了他，说："胡国是兄弟之国，你说讨伐它，是什么意思？"胡国君主听说了，认为郑国和自己友好，于是不再防备郑国。结果郑国偷袭了胡国，夺取了胡国的土地。宋国有个富人，天下雨把他家的墙淋塌了，他儿子说："不修的话，必将有盗贼。"邻居的老人也这么说。到了晚上，果然有大量财物被窃。这家富人认为自己儿子很聪明，却对邻居老人起了疑心。关其思和这位老人的话都恰当，而重者被杀，轻者被怀疑，这说明并不是了解情况有困难，而是处理所了解的情况有困难。因此，绕朝劝谏秦康公的话本是对的，但他在晋国被看成圣人，在秦国却遭杀害，这是不能不明察的啊。

  从前弥子瑕受到卫灵公的宠信。卫国法令规定，私自驾驭国君车子的，论罪要处以砍脚的刑罚。弥子瑕母亲生病了，有人抄近路连夜通知弥子瑕，弥子瑕假托国君之命驾驭君

▶ 《韩非子》的智慧

车而出。卫灵公听说后,称赞他说:"弥子瑕真孝顺啊!为了母亲的缘故,忘了自己会犯别罪。"另一天,弥子瑕和卫灵公在果园游览,吃桃子觉得甜,没有吃完,就把剩下的半个给卫君吃。卫灵公说:"弥子瑕多么爱我啊!不顾自己的喜爱都要让给我吃。"等到弥子瑕容颜衰老宠爱减退时,得罪了卫灵公,卫灵公说:"这人本来就曾假托我的命令私自驾驭我的车子,又曾经把吃剩的桃子给我吃。"所以,虽然弥子瑕的行为和当初并没两样,但之前的行为被称为美德,之后却因此获罪,究其根本,是卫灵公对弥子瑕的爱憎态度有了变化。因此如果君主宠爱臣子,臣子的才智就会显得恰当而且与君主越来越亲近;如果君主憎恶臣子,才智就会显得不恰当而且会因此被治罪,与君主的关系也会越来越疏远。所以向君主谏说谈论的人不可不察看君主的爱憎才对君主进说。龙作为一种动物,在它和顺驯服时可以戏弄着骑它;但它的喉下有一尺来长的逆鳞,假使有人动它的逆鳞的话,就一定会被龙杀死。君主如同龙一样也有逆鳞,游说者游说之时能不触动君主的逆鳞,就应该算是善于游说了。

【解读】

(一)解题:游说的真正困难在于所要游说的对象(即君主)的主观好恶,即"知所说之心"。

(二)韩非子先是谈到游说的困难:不是难在我的才智能够用来向君主游说,也不是难在我的口才能够阐明我的意见,也不是难在我敢毫无顾忌地把看法全部表达出来。而最重要的在于充分了解游说对象的心理,这样就能根据他的心理进行调整。他还举例说,如果本身游说对象想要追求美名,你却用厚利去说服他,效果就会适得其反,还会让你自己显得节操低下,对方就会卑贱地对待你,也必然受到抛弃和疏远。同样的,游说对象追求的是厚利,你不了解他的心理,妄图用美名去说服他,就会使自己显得无经验又脱离实际,最终仍然摆脱不了被抛弃的命运。游说对象暗地追求厚利而表面追求美名的,用美名向他游说,他就会表面上录用而实际上疏远游说者;用厚利向他游说,他就会暗地采纳游说者的主张而表面疏远游说者。这是不能不明察的。

事情因保密而成功,谈话因泄密而失败。未必游说者本人泄露了机密,而是谈话中触及到君主心中隐匿的事,如此就会身遭危险。君主表面上做这件事,心里却想借此办成别的事,游说者不但知道君主所做的事,而且知道他要这样做的意图,如此就会身遭危险。

游说者筹划一件不平常的事情并且符合君主心意,聪明人从外部迹象上把这事猜测出来了,事情泄露出来,君主一定认为是游说者泄露的,如此就会身遭危险。君主恩泽未厚,游说者谈论却尽其所知,如果主张得以实行并获得成功,功德就会被君主忘记;主张行不通而遭到失败,就会被君主怀疑,如此就会身遭危险。君主有过错,游说者倡言礼义来挑他的毛病,如此就会身遭危险。君主有时计谋得当而想自以为功,游说者同样知道此计,如此就会身遭危险。勉强君主去做他不能做的事,强迫君主停止他不愿意停止的事,如此就会身遭危险。所以游说者如果和君主议论大臣,就被认为是想离间君臣关系;和君主谈论近侍小臣,就被认为是想卖弄身价。谈论君主喜爱的人,就被认为是拉关系;谈论君主憎恶的人,就被认为是搞试探。说话直截了当,就被认为是不聪明而笨拙;谈话琐碎详尽,就被认为是啰嗦而冗长。简略陈述意见,就被认为是怯懦而不敢尽言;谋事空泛放任,就被认为是粗野而不懂礼貌。这些游说的困难,是不能不知道的。

(三) 韩非子接着谈到游说的要领:在于懂得粉饰游说对象自夸之事而掩盖他所自耻之事。君主有私人的急事,游说者一定要指明这合乎公义而鼓励他去做。君主有卑下的念头,但是不能克制,游说者就应把它粉饰成美好的而抱怨他不去干。君主有过高的企求,而实际不能达到,游说者就为他举出此事的缺点并揭示它的坏处,而称赞他不去做。君主想显摆自己的智能,游说者就要替他举出不同情形下的同类事情,给他提供尽可能多的根据,使他能够从这些根据中借用说法,而游说者就要假装不知道,暗地里帮助君主自夸才智。游说者想向君主进献与人相安的话,就必须用好的名义阐明它,并暗示它合乎君主私利。游说者想要陈述有危害的事,就明言此事会遭到的毁谤,并暗示它对君主也有害处。游说者称赞另一个与君主行为相同的人,规划另一件与君主考虑相同的事。有和君主污行相同的,就必须对其大加粉饰,说其没有害处;有和君主败迹相同的,就必须对其明言掩锦,说其没有过失。君主自夸力量强大时,就不要用他为难的事去压抑他;君主自以为决断勇敢时,就不要用他的过失去激怒他;君主自以为计谋高明时,就不要用他的败绩去困窘他。游说的主旨没有什么违逆,言辞没有什么抵触,这样之后就可以充分施展自己的智慧和辩才了。由这条途径得到的,是君主亲近不疑而又能畅所欲言。伊尹做过厨师,百里奚做过奴隶,都是为了求得君主重用。这两个人都是圣人,但还是不能不通过做低贱的事来求得进用,他们的卑下已至于此!假如把我的话看成像厨师和奴隶所讲的一样,而可以拿来救世,这就不是智能之士感到耻辱的了。经过很长的时间,君主的恩泽已厚,游说者

《韩非子》的智慧

深入谋划不再被怀疑,据理力争不再会获罪,就可以明确剖析利害来成就君主的功业,直接指明是非来端正君主的言行,能这样相互对待,是游说成功了。

(四)韩非子在这里举了一系列例证:

例证一:郑武公想讨伐胡国,故意先把自己的女儿嫁给胡国君主来使他快乐。于是问群臣:"我想用兵,哪个国家可以讨伐?"大夫关其思回答说:"胡国可以讨伐。"武公发怒而杀了他,说:"胡国是兄弟国家,你说讨伐它,是何道理?"胡国君主听说了,认为郑国和自己友好,于是不再防备郑国。郑国偷袭了胡国,攻占了它。宋国有个富人,天下雨把墙淋塌了,他儿子说:"不修的话,必将有盗贼。"邻居的老人也这么说。到了晚上,果然有大量财物被窃。这家富人认为儿子很明智,却对邻居老人起了疑心。关其思和这位老人的话都恰当,而说话严重直白的人被杀,说话间接委婉的人被怀疑;不是了解情况有困难,而是处理所了解的情况有困难。因此,绕朝劝谏的话本是对的,但他在晋国被看成圣人,在秦国却遭杀害,这是不能不明察的。

例证二:从前弥子瑕曾受到卫灵公的宠信。卫国法令规定,私自驾驭国君车子的,论罪要处以砍脚的惩罚。弥子瑕母亲病了,有人抄近路连夜通知弥子瑕,弥子瑕假托君命驾驭君车而出。卫灵公听说后,却称赞他说:"真孝顺啊!为了母亲的缘故,忘了自己会犯别罪。"另一天,他和卫灵公在果园游览,吃桃子觉得甜,没有吃完,就把剩下的半个给卫灵公吃。卫灵公说:"多么爱我啊!不顾自己对桃子的喜欢,都要给我吃。"等到弥子瑕容颜衰老宠爱减退时,得罪了卫灵公,卫灵公说:"这人本来就曾假托我的命令私自驾驭我的车子,又曾经把吃剩的桃子给我吃。"虽然弥子瑕的行为和当初并没两样,但先前称贤、后来获罪的原因,是卫灵公的爱憎有了变化。因此他得出结论:弥子瑕被君主宠爱时,才智就显得恰当而更受君主亲近;而弥子瑕被君主憎恶时,才智都显得不恰当,落得被君主谴责,与君主的关系也会越来越疏远。

谏说谈论的人不可不察看君主的爱憎,才对君主进说。君主就如同龙一样。龙作为一种动物,驯服时可以戏弄着骑它;但它喉下有一尺来长的逆鳞,假使有人动它的话,就一定会受到伤害。所以他得出结论说:游说君主的时候,一定要清楚君主如同龙一样也有逆鳞,游说者能够不触动君主的逆鳞,就算游说成功了。

(五)结论:韩非子在这里指出为了游说的成功,首先要研究君主对于被别人游说的种种逆反心理,其次要注意君主的好恶,最后就是不可触碰君主的"逆鳞"。《说难》是他后期的作品。

第五节 《韩非子·有度》

【原文】

国无常强,无常弱。奉法者强,则国强;奉法者弱,则国弱。荆庄王并国二十六,开地三千里;庄王之氓社稷也,而荆以亡。齐桓公并国三十,启地三千里;桓公之氓社稷也,而齐以亡。燕襄王以河为境,以蓟为国,袭涿、方城,残齐,平中山,有燕者重,无燕者轻;襄王之氓社稷也,而燕以亡。魏安釐王攻赵救燕,取地河东;攻尽陶、魏之地;加兵于齐,私平陆之都;攻韩拔管,胜于淇下;睢阳之事,荆军老而走;蔡、召陵之事,荆军破;兵四布于天下,威行于冠带之国;安釐死而魏以亡。故有荆庄、齐桓公,则荆、齐可以霸,有燕襄、魏安釐则燕、魏可以强。今皆亡国者,其群臣官吏皆务所以乱而不务所以治也。其国乱弱矣,又皆释国法而私其外,则是负薪而救火也,乱弱甚矣!

故当今之时,能去私曲就公法者,民安而国治;能去私行行公法者,则兵强而敌弱。故审得失有法度之制者,加以群臣之上,则主不可欺以诈伪;审得失有权衡之称者,以听远事,则主不可欺以天下之轻重。今若以誉进能,则臣离上而下比周;若以党举官,则民务交而不求用于法。故官之失能者其国乱。以誉为赏,以毁为罚也,则好赏恶罚之人,释公行,行私术,比周以相为也。忘主外交,以进其与,则其下所以为上者薄也。交众、与多,外内朋党,虽有大过,其蔽多矣。故忠臣危死于非罪,奸邪之臣安利于无功。忠臣之所以危死而不以其罪,则良臣伏矣;奸邪之臣安利不以功,则奸臣进矣。此亡之本也。若是,则群臣废法而行私重,轻公法矣。数至能人之门,不一至主之廷;百虑私家之便,不一图主之国。属数虽多,非所尊君也;百官虽具,非所以任国也。然则主有人主之名,而实托于群臣之家也。故臣曰:亡国之廷无人焉。廷无人者,非朝廷之衰也;家务相益,不务厚国;大臣务相尊,而不务尊君;小臣奉禄养交,不以官为事。此其所以然者,由主之不上断于法,而信下为之也。故明主使法择人,不自举也;使法量功,不自度也。能者不可弊,败者不可饰,誉者不能进,非者弗能退,则君臣之间明辩而易治,故主仇法则可也。

《韩非子》的智慧

贤者之为人臣，北面委质，无有二心。朝廷不敢辞贱，军旅不敢辞难；顺上之为，从主之法，虚心以待令，而无是非也。故有口不以私言，有目不以私视，而上尽制之。为人臣者，譬之若手，上以修头，下以修足；清暖寒热，不得不救；镆铘傅体，不敢弗搏感，无私贤哲之臣，无私事能之士。故民不越乡而交，无百里之感。贵贱不相逾，愚智提衡而立，治之至也。今夫轻爵禄，易去亡，以择其主，臣不谓廉。诈说逆法，倍主强谏，臣不谓忠。行惠施利，收下为名，臣不谓仁。离俗隐居，而以诈非上，臣不谓义。外使诸侯，内耗其国，伺其危险之陂，以恐其主曰："交非我不亲，怨非我不解"。而主乃信之，以国听之。卑主之名以显其身，毁国之厚以利其家，臣不谓智。此数物者，险世之说也，而先王之法所简也。先王之法曰："臣毋或作威，毋或作利，从王之指；无或作恶，从王之路。"古者世治之民，奉公法，废私术，专意一行，具以待任。

夫为人主而身察百官，则日不足，力不给。且上用目，则下饰观；上用耳，则下饰声；上用虑，则下繁辞。先王以三者为不足，故舍己能而因法数，审赏罚。先王之所守要，故法省而不侵。独制四海之内，聪智不得用其诈，险躁不得关其佞，奸邪无所依。远在千里外，不敢易其辞；势在郎中，不敢蔽善饰非。朝廷群下，直凑单微，不敢相逾越。故治不足而日有馀，上之任势使然之。

夫人臣之侵其主也，如地形焉，即渐以往，使人主失端，东西易面而不自知。故先王立司南以端朝夕。故明主使其群臣不游意于法之外，不为惠于法之内，动无非法。峻法，所以凌过游外私也；严刑，所以遂令惩下也。威不贰错，制不共门。威、制共，则众邪彰矣；法不信，则君行危矣；刑不断，则邪不胜矣。故曰：巧匠目意中绳，然必先以规矩为度；上智捷举中事，必以先王之法为比。故绳直而枉木断，准夷而高科削，权衡县而重益轻，斗石设而多益少。故以法治国，举措而已矣。法不阿贵，绳不挠曲。法之所加，智者弗能辞，勇者弗敢争。刑过不辟大臣，赏善不遗匹夫。故矫上之失，诘下之邪，治乱决缪，绌羡齐非，一民之轨，莫如法。厉官威民，退淫殆，止诈伪，莫如刑。刑重，则不敢以贵易贱；法审，则上尊而不侵。上尊而不侵，则主强而守要，故先王贵之而传之。人主释法用私，则上下不别矣。

【译文】

一个国家不可能永远强盛，也不可能永远衰弱。君主依照法度治理国家，能强力推行法治，国家就强大；君主不依照法度治理国家，推行法治软弱无力，国家就衰弱。楚庄王曾吞并二十六个国家，开拓三千里疆土；但随着楚庄王的死亡，楚国也随之衰弱。齐桓公曾吞并三十个国家，开拓了三千里疆域；齐桓公死后，齐国也随之衰弱。燕昭襄王以黄河作为自己的国界，以蓟城作为国都，以涿和方城作为国都的屏障，攻破了齐国，灭了中山国，在当时得到燕国支持的国家威势就轻，没有得到燕国支持的国家威望就轻；但是燕襄王死后，燕国也随之衰弱。魏安釐王攻打燕国，救援赵国，夺回了河东的土地；全部攻占了定陶、魏国的领土；又对齐国用兵，把平陆这个大城池占为己有；又攻占了韩国的管地，在淇水下游大获全胜；在睢阳发生的与楚国的战争中，楚军全线溃逃；在上蔡和召陵的战役中，楚军也被魏军全面摧毁；在当时，魏国的军队遍布天下，威势传遍了中原文明的每一个国家；魏安釐王死后，魏国同样随之衰弱。所以有了楚庄王、齐桓公，楚国和齐国就可以称霸；有了燕昭襄王、魏安釐王，燕国和魏国就可以强盛。如今这些国家都衰弱了，就是因为这些国家的臣子官吏都去干那些使国家混乱不堪的事情，而不是去干那些使国家安定的事情。这些国家本已经混乱衰弱了，他们的臣子官吏又都无视国法而营私舞弊，就如同背着干柴去救火，国家就会更加混乱衰弱。

现在这个时代，一个国家能够除掉奸邪谋私之行而严格实施法度，老百姓就能安宁，国家就能安定；一个国家能够除掉图谋私利之行而严格实施法度，军队就会强大而敌人弱小。所以既能明察是非又能根据法度的规定行事，这样的君主就能很好地驾驭群臣，也就不可能被臣下欺骗；明察是非而又以法度作标准去了解远方的事情，就不可能被天下轻重颠倒的事所欺骗。如果只是按照声名选拔人才，那么臣下就脱离了君主而在下面勾连串联；如果只是按照朋党关系来推荐官员，那么臣民就会将所有的精力都用于结党，而不是谋求在法度内依照功绩选拔人才。所以官吏不称职，一个国家就会混乱。以虚假的名声为依据奖赏，以诽谤的流言作为依据施行处罚，那么喜欢奖赏而厌恶处罚的人，就会丢掉国家法定的职责，玩弄个人手段，互相包庇利用。臣下不顾及君主而在朝廷外忙于个人私交，利用机会吸引党羽，那么这些臣下所用来为君主尽力的心思就少了。私交多了，党羽多了，朝廷内外结成死党，虽然有了大的罪过，为他掩盖罪过的人却很多，因此忠臣无罪却遭遇危难而死，奸邪之臣没有功劳却坐享安乐利益。忠臣之所以遭受危难而死，并不是因为有罪，那么良臣就会隐退不出；奸邪之臣坐享安乐利益，并不是因为他们有功，那么奸臣就能得到进用。这是国家衰亡的根本原因。如果像这样，群臣就会废弃法度而设法捞

▶ 《韩非子》的智慧

取个人利益，不把国家的法令当回事了。屡次进出奸臣的家门，一次也不到君主的朝廷去；天天想着自己的好处，一点也不考虑君主和国家的利益。君主的下属官吏虽然很多，但都不是朝廷用来尊崇君主的；各种官员虽然一应俱全，但却不是君主所需用来承担国家大事的。这样就使君主虽有一国之君的名声，实际上则要依附群臣的私家。所以我说：衰亡的国家朝廷中没有人。朝廷中没有人，不是朝廷中的臣子少了；而是每个人都致力于互谋私利，不致力于富强国家；大臣们致力于相互推崇，不致力于尊崇君主；官吏们拿国家的俸禄去培养私交，不把官员职责当回事。之所以会造成这种局面，是因为君主在上面不依法决断政事，而听凭下面的大臣胡作非为。所以圣明的君主用法制来选拔人才，不凭自己的意愿来用人；按法制来考核臣下的功绩，而不靠自己的主观来推测。只要有才能的人不被埋没，坏人就会无处躲藏，徒有虚名的人就会不被信用，遭受诽谤的人就会不被免职，而君主就能够明辨臣下的是非功过，国家也就容易治理，所以君主只要依法办事就可以了。

品德高的人做臣子，面向北献礼，效忠君主，忠心不二。在朝廷不敢推辞贱事，在军队不敢推辞难事；顺从君主的行为，遵从君主的法令，虚心等待命令，不挑拨是非。所以有嘴不因私事而说，有眼不因私事而看，君主控制着他们的一切。做臣子的，如同双手，上面用手来修饰头，下面用手来修饰脚；冷暖寒暑，不能不管；刀剑近身，不敢不拼。不要因私使用贤明臣子，不要因私使用智能之士。所以百姓不离乡私交，没有远道奔走的忧虑。贵贱不僭越，愚智各得其所，这是国家治理的最高境界。对现今那些人轻视朝廷的官爵俸禄，离开自己的君主，另外选择主人，我不认为这种行为是方正的。欺诈违法，违背君主的意愿而强行进谏，我不认为这种行为能称为忠。施行恩惠，收买人心来抬高自己的声望，我不认为这种行为能称为仁。避世隐居，而用欺诈的言论非议君主，我不认为这种行为能称为义。出使他国，损害祖国，无视祖国陷入危境，便恐吓君主说，交往没有他就不能亲近，积怨没有他就不能解除；而君主也便相信他，把国家托付给他；贬低君主名声来抬高自己，损害国家利益来谋求私利，我不认为这种行为能称为智。这几种行为，是动乱社会流行的说法，但却是先王的法令所摒绝的。先王法令说："臣下不要逞威，不要牟利，顺从君主旨意；不要作恶，要遵循君主指引的道路。"古代太平社会的百姓，奉行公法，废止私术，一心一意为君主办事，积蓄力量来等待任用。

做君主的亲自考察百官，时间就会不够用，精力就会不足。而且君主用眼睛看，臣子就修饰外表;君主用耳朵听,臣子就修饰言辞;君主用脑子想,臣子就夸夸其谈。先王认为依靠这三者是不够的,所以放弃自己的才能而依赖法术,严明赏罚。先王掌握着关键,所以法令简明而君权不受侵害。独立控制四海之内,聪明多智的人不能使用欺诈手段,阴险浮躁的人不能使用花言巧语,奸邪的人就没有什么可依赖的。臣子虽然远在千里之外,也不敢擅自改变君主的口令;处在郎中的位置,也不敢隐瞒好事掩饰坏事;朝廷的群臣在下面,都直接将个人微薄的力量汇集到君主那里,不敢相互逾越职守。所以君主会觉得事情不够办而有闲暇,是君主运用权势依靠法术赏罚所得来的。

下臣祸害君主,就如同人在行路时会遇到使人迷惑的地形一样,是逐渐改变的,使君主不知不觉间失去方向,方向已经改变了,自己却无从知道。所以先王创制指南的仪器来判断方向,所以英明的君主不允许臣子们在法律许可之外乱打主意,不在法律规定之内随意施加恩惠,所有举动都必须合法。严峻的法令是用来禁止犯罪、排除私欲的,严厉的刑法是用来贯彻法令、惩治臣下的。威势不能分置,权力不能同享。威势权力与别人同享,奸臣就会公然活动;执法不坚决落实,君主就会有危险;执行刑罚不果断,就不能制服奸邪。所以说:巧匠目测的结果也合乎墨线,但必定先用规矩作标准;智商高者办事敏捷合乎要求,必定用先王的法度作依据。因此用墨线来量直,弯曲的木头就要被砍削;用水平仪来测量,那么凸出的部分就要被削掉;用称具称重量,就要减重补轻;用量具测量,就要减多补少。所以用法令治国,不过是制定出来、推行下去罢了。法令不偏袒权贵,墨绳不迁就曲木。应该受到法令制裁的事情,即使智者也无法逃避,即使勇者也不敢抗争。惩罚罪过不回避大臣,奖赏功劳不漏掉平民。所以纠正上层的过错,查处下层的奸邪,治理纷乱,判断谬误,削减多余,纠正错误,统一民众的行为使合乎规范,没有比法更好的了。整治官吏,威慑民众,除去淫乱怠惰,禁止欺诈虚伪,没有比刑更管用的了。刑罚严厉,臣下就不敢因地位高而轻视地位低的人;法令严明,君主就能得到尊崇而不受侵害。君主能得到尊崇而不受侵害,君主就会强大而掌握治国的要领。所以先王重法并传授下来。放弃法制而用私意办事,那君臣之间就没有区别了。

【解读】

(一) 解题:"度"在《说文解字》中的意思为:法制也。"有度",意为有法制。

法家的核心思想就是依法治国,依法治国的思想不是凭空而来,依法治国既有《老子》"道德经"思想的社会化演绎，又有现实社会的实例。

（二）在《有度》开篇，韩非子就举了众多的例子来说明依法治国的重要性与好处。

首先，韩非子告诉君主"国无常强，无常弱"，天下没有永远强大的国家，也没有永远弱小的国家，更没有建立之初就强大或弱小的国家，但有一点是明确的就是国家灭亡之时必是弱小的。强大与弱小是可以相互转换的，转换的按扭就是"法"。韩非子的论点是"奉法者强，则国强；奉法者弱，则国弱"，执法者强，国家就会强大，执法者弱，国家就会衰弱。只有以法治国，用法来约束人们的社会行为，国家才能做到强大。

其次，韩非子将历史作为论据来讲明"奉法者强，则国强；奉法者弱，则国弱"的论点：第一个实证是楚庄王并吞二十六个国家，开拓疆土三千里。庄王死，楚随即衰弱。第二个实证是齐桓公吞并三十个国家，开辟疆土三千里。公死，齐随即衰弱。第三个实证是燕昭襄王把黄河作为国界，把蓟城作为国都，外围有涿和方城，攻破齐国，平定中山，有燕国支持的就被人重视，无燕国支持的就被人看轻。昭王死，乐毅逃赵，燕惠王被成安君杀死，燕随即败落。第四个实证是魏安釐王攻打燕国，救援赵国，夺取河东地；对齐用兵，占领平陆；攻韩，拿下管地，一直打到淇水岸边；丹阳交战，楚军疲敝而退；上蔡、召陵之战，楚军败；魏军遍布天下，威振于中原各国；安釐王死，魏随即衰弱。

（三）结论：为什么楚庄王、齐桓公、燕襄王、魏安釐王在的时候，楚国、齐国、燕国、魏国就能称霸当世，而四王不在了，四国就很快衰弱了。原因就是有庄王、桓公在，楚、齐就可以称霸；有昭襄王、魏安釐王在，燕、魏就可以强盛。这就是典型的强人政治。楚庄王、齐桓公、燕襄王、魏安釐王都是推行"依法治国"的君主，而且力度强大，短时间内使国家强大起来，一旦人死了，他所推行的"法制"也就消亡了，强人政治，人亡政息，国家治理随之衰退。所以韩非子说，国无常强，无常弱。奉法者强，则国强；奉法者弱，则国弱。

第六节　《韩非子·和氏》

【原文】

楚人和氏得玉璞楚山中，奉而献之厉王。厉王使玉人相之。玉人曰："石也。"王以和为诳,而刖其左足。及厉王薨,武王即位。和又奉其璞而献之武王。武王使玉人相之。又曰:"石也。",王又以和为诳,而刖其右足。武王薨,文王即位。和乃抱其璞而哭于楚山之下,三日三夜,泣尽而继之以血。王闻之,使人问其故,曰:"天下之刖者多矣,子奚哭之悲也?"和曰:"吾非悲刖也,悲夫宝玉而题之以石,贞士而名之以诳,此吾所以悲也。"王乃使玉人理其璞而得宝焉,遂命曰:"和氏之璧。"

夫珠玉,人主之所急也。和虽献璞而未美,未为主之害也,然犹两足斩而宝乃论,论宝若此其难也!今人主之于法术也,未必和璧之急也;而禁群臣士民之私邪。然则有道者之不戮也,特帝王之璞未献耳。主用术,则大臣不得擅断,近习不敢卖重;官行法,则浮萌趋于耕农,而游士危于战陈;则法术者乃群臣士民之所祸也。人主非能倍大臣之议,越民萌之诽,独周乎道言也,则法术之士虽至死亡,道必不论矣。

昔者吴起教楚悼王以楚国之俗,曰:"大臣太重,封君太众;若此,则上逼主而下虐民,此贫国弱兵之道也。不如使封君之子孙三世而收爵禄,绝灭百吏之禄秩,损不急之枝官,以奉选练之士。"悼王行之期年而薨矣,吴起枝解于楚。商君教秦孝公以连什伍,设告坐之过,燔诗书而明法令,塞私门之请而遂公家之劳,禁游宦之民而显耕战之士。孝公行之,主以尊安,国以富强,八年而薨,商君车裂于秦。楚不用吴起而削乱,秦行商君法而富强,二子之言也已当矣,然而枝解吴起而车裂商君者何也?大臣苦法而细民恶治也。当今之世,大臣贪重,细民安乱,甚于秦、楚之俗,而人主无悼王、孝公之听,则法术之士安能蒙二子之危也而明己之法术哉!此世所以乱无霸王也。

【译文】

楚国人卞和在楚山中得到一块玉石原料,他捧着原石进献给楚厉王。厉王让玉匠鉴定。玉匠说:"这是石头。"厉王认为卞和在欺骗他,就砍掉了他的左脚。等到厉王死后,武王继位。卞和又捧着那块原石去进献给武王。武王也让玉匠鉴定,玉匠又说:"这是石头。"武王也认为卞和是行骗,就砍掉了他的右脚。武王死后,文王登基。卞和就抱着那块玉石原料在楚山山脚下哭,哭了三天三夜,眼泪干了,跟着流出的是血。文王听说后,派人去问他哭的原因,对他说:"天下被砍掉脚的人多了,你为什么哭得这么悲伤?"卞和说:"我不是因为受砍脚的罪而悲伤,而是悲伤我那块宝玉被当作石头,我是忠贞的人,却被称作骗子。这才是我悲伤的原因。"文王就让玉匠加工这块原石并得到了宝玉,随之

▶ 《韩非子》的智慧

命名为"和氏之璧"。

珍珠宝玉是君主急需的，即使卞和献的玉石不够完美，也并不构成对君主的损害，但还是在双脚被砍后宝玉才得以鉴别，鉴定宝玉就是如此困难。如今君主对于法术，未必像对和氏璧那样急需，而法术又是用来禁止群臣百姓自私邪行的。然而法术之士还没被杀戮，只是因为促成帝王功业的法宝还没进献罢了。君主运用法术，大臣就不能擅权独断，左右近侍就不敢卖弄权势；官府执行法令，无所事事的游民就得从事农耕，游说之士就得冒着危险去当兵打仗；那么法术就被群臣百姓看成是祸害了。君主如果不能违背大臣的议论，摆脱黎民百姓的诽谤，独自使自己的主张与法术相契合，那么法术之士即使到死，他们的学说也一定不会被认可。

从前吴起用楚国的风气教导楚悼王说："大臣的权势太重，分封的贵族太多。像这样下去，他们就会对上威胁到君主，对下虐待百姓，这是造成国家贫穷军队疲弱的途径。不如使分封贵族的子孙到第三代时君主就收回爵禄，取消或减少百官的俸禄，裁减多余的不在重要位置上的官吏，用这些节省下来的费用来供养经过选拔和训练的士兵。"楚悼王施行此法一年就死了，吴起在楚遭到肢解。商君教秦孝公建立什伍联保组织，设置告密连坐的制度，焚烧诗书，彰明法令，堵塞私人的请托而进用对国家有功的人，约束靠游说做官的人而使农民士兵显贵起来。孝公实行这些主张，君主因此尊贵安稳，国家因此富庶强大。八年后秦孝公死了，商鞅在秦受到车裂。楚国不用吴起变法而削弱混乱，秦国推行商鞅变法而富庶强大。二人的主张已经被证明是正确的，但是肢解吴起，车裂商鞅，又为的是什么呢？为的是大臣们苦于法令的约束，而小民也憎恨法治。当今之世，大臣贪权，小民安于动乱，比秦、楚的坏风气还要严重，而君主又没有楚悼王、秦孝公那样的判断力，那么法术之士又怎能冒吴起、商鞅的危险来阐明自己的主张呢？这就是社会混乱而没有人能一统天下成为霸主的原因。

【解读】

（一）解题：篇名以《和氏》为题，但却是以玉来引申出有真本事的人就像这玉一样，不被人所认识。卞和挖到玉石，不被人认识，反而对他处之严刑峻法；这就像有知识、能力、品德却不被人所承认一样，悲乎？！惨乎？！伤乎？！

（二）故事：楚卞和在荆山得到未经琢磨的玉石，献给楚厉王。玉匠鉴定说："是石头。"厉王认为是卞和行骗，就砍掉了他的左脚。厉王死，武王继位。卞和去献给武王。玉匠鉴定又说："是石头。"卞和的右脚也没了。武王死文王登基。卞和抱着玉璞在荆山下哭了三天三夜，眼泪干了，跟着流出的是血。文王听说后，派人去了解他哭的原因，问道："天下受断足刑的人多了，你为什么哭得这么悲伤？"卞和说："我不是因为受砍脚的罪而悲伤，而是悲伤我那块宝玉被称作石头，我是忠贞的人，却被称作骗子。这才是我悲伤的原因。"文王就让玉匠加工这块玉璞并得到了宝玉，命名为"和氏之璧"。

（三）讲完故事，韩非子接着说："珍珠宝玉是君主急需的，即使卞和献的玉璞不够完美，也并不构成对君主的损害，但还是在双脚被砍后宝玉才得以论定，鉴定宝玉就是如此困难。如今君主对于法术，未必像对和氏璧那样急需，而法术又是用来禁止群臣百姓的自私邪恶行为。然而法术之士还没被杀戮，只是因为促成帝王之业的法宝还没进献罢了。紧接着说，君主运用法术，大臣就不能擅权独断，左右近侍就不敢卖弄权势；官府执行法令，游民就得从事农耕，游说之士就得冒着危险去当兵打仗；那么法术就被群臣百姓看成是祸害了。君主不能违背大臣的议论，摆脱黎民百姓的诽谤，独自使自己的主张与法术相契合，那么法术之士即使到死，他们的学说也一定不会被认可。"

（四）韩非子举例说明自己的观点：

例证一：从前吴起向楚悼王指出楚国的风气说，大臣的权势太重，分封的贵族太多。像这样下去，他们就会上逼主而下虐民，这是造成国贫兵弱的原因。不如使分封贵族的子孙到第三代时君主就收回爵禄，取消或减少百官的俸禄，裁减多余的官吏，来供养经过选拔和训练的士兵。楚悼王施行此法一年就死了，吴起在楚国遭到肢解。

例证二：商君教秦孝公建立什伍组织，设置告密连坐的制度，焚烧书，彰明法令，堵塞私人的请托而进用对国家有功的人，约束靠游说做官的人而使农民士兵显贵起来。孝公实行这些主张，君主因此尊贵安稳，国家因此富庶强大。八年后秦孝公死了，商鞅在秦国受到车裂。

韩非子认为，楚国不用吴起变法而削弱混乱，秦国推行商鞅变法而富庶强大。二人的主张已经被证明是正确的，但是肢解吴起，车裂商鞅，又为的是什么呢？为的是大臣苦于法令而小民憎恨社会安定。当今之世，大臣贪权，小民安于动乱，比秦、楚的坏风气还要严重，而君主又没有楚悼王、秦孝公那样的判断力，那么法术之士又怎能冒吴起、商鞅的危险来阐明自己的法术主张呢？这就是社会混乱而没有霸王的原因。

▶ 《韩非子》的智慧

（五）结论：一是讲和氏璧的故事，二是借和氏璧说事，说变法之士危如献璧者，以玉璞喻法术，以玉人喻群臣士民，以刖足喻法术之士的不幸遭遇，从中可知韩非子的原意是以和氏的遭遇比喻自己的政治主张不能为他的国君所采纳，反而受到排斥，对此，他是很痛惜的。由此我们可知：

进一步说：第一，真相其实很难看到，我们在处理事情的时候尤其是重大事情的时候，一定要慎之又慎，多方求证，不然就会像前两任楚王一样与美玉失之交臂，最重要的是还误罚了好人。第二，真理就是真理。文中楚人卞和虽一时蒙冤受屈，在事实和真理面前，敢于坚持自己正确的认识，不怕砍去双脚，甚至不怕杀头，这就是卞和可贵的品格。正因为有了这种品格，卞和终于使文王作出了合乎事实的结论，恢复了他的名誉，并使宝玉得见天日。对待是非都应具有这种精神。历史上有真的猛士，不惧刀剑而坚持真理。第三，从讲究方式方法上来说，还是尽量不要以价值不明确的宝物进献，要慎重，否则吃亏的还是自己，假如他在献宝之前先将玉取出，那就不会出现悲剧了。

第七节 《韩非子·观行》

【原文】

古之人目短于自见，故以镜观面；智短于自知，故以道正己。故镜无见疵之罪，道无明过之恶。目失镜，则无以正须眉；身失道，则无以知迷惑。西门豹之性急，故佩韦以自缓；董安于之心缓，故佩弦以自急。故以有余补不足，以长续短，之谓明主。

天下有信数三：一曰智有所不能立，二曰力有所不能举，三曰强有所不能胜。故虽有尧之智而无众人之助，大功不立；有乌获之劲而不得人助，不能自举；有贲、育之强而无法术，不得长胜。故势有不可得，事有不可成。故乌获轻千钧而重其身，非其重于千钧也，势不便也。离朱易百步而难眉睫，非百步近而眉睫远也，道不可也。故明主不穷乌获以其不能自举，不困离朱以其不能自见。因可势，求易道，故用力寡而功名立。时有满虚，事有利害，物有生死，人主为三者发喜怒之色，则金石之士离心焉。圣贤之朴深矣。故明主观人，不使人观己。明于尧不能独成，乌获不能自举，贲、育之不能自胜，以法术则观行之道毕矣。

【译文】

古人因为自己的眼睛看不见自己的面容，所以利用镜子来观察自己的面容；因为自己的才智不能完全认识自己，所以用法术来端正自己。因此镜子无法承担显露面容缺陷的罪过，法术无法承担暴露过失而引起的怨恨。眼睛离开镜子，就无法修整自己的胡子和眉毛；人们言行举止如果离开法术的约束，就不能发现自身的过失。西门豹为人性情急躁，所以他就佩带了柔韧的熟牛皮做的皮带，提醒自己做人做事要从容和缓；董安于为人性情迟缓，所以他就佩带紧绷的弓弦，用来鞭策自己做人做事要敏捷急迫。所以能够用有余补充不足；用他人的长处接续自己的短处的君主，就称得上是英明的君主。

天下有三条至理：一是智者也有办不成的事情，二是力士也有举不起的物品，三是勇士也有战不胜的对手。所以即使有唐尧的高超智慧而没有众人的辅佐，伟大的功业也建立不起来；即使有乌获那么大的力气，如果得不到别人的帮助，也无法自己把自己举起来；即使有有孟贲、夏育那样的勇猛而没有法术作为保障，还是无法常胜不败。所以形势总有不能具备的，事情总有不能办到的。所以乌获认为千钧重担为轻而自身的力量为重，不是他的身体比千钧重，而是客观条件不允许他举起自己。离硃能看清百步之外的毫毛和针尖，却看不到自己的眉毛和眼睫毛，并非百步之外的距离近而眉毛和睫毛远，而是客观条件决定了眼睛无法看见眉毛和睫毛。所以英明的君主并不因为乌获不能举起自己而为难他，也不因为离硃看不见自己的眉毛和眼睫毛而刁难他。根据可以成功的形势，寻求容易成功的条件，所以用力少而功名成。月有阴晴圆缺，事有得失利弊，物有生老病死，君主如果因为这三种自然现象的变化而表现出喜怒哀乐，那么像金石一样的忠贞之士就会和君主离心离德，圣贤的道术十分深远。所以英明的君主观察别人，而不让别人观察自己。明晰了唐尧不能单独成功，乌获不能举起自己，孟贲、夏育不能胜过自我，运用法术审查别人，那么观察臣下行为的道理就尽在其中了。

【解读】

（一）解题："观行"，即观察人的行为。韩非子认为，人的智慧和才能是有局限的，所以英明的君主应明白这一道理，运用一些方法技巧来观行。如"以镜观面"，因为人很难观察自己的行为，所以要通过照镜子来端正自己。进而言之，我们借助他人来端正自己时，那么他人就是我们的镜子，所以他人给我们提意见时，他是没有过错的。我们为什么

▶ 《韩非子》的智慧

要与镜子生气呢？只有虚心接受别人的意见，才能做一个明白人，所谓涤除玄鉴，能去除我们的瑕疵。

（二）具体再说一说原文的内容：

文章开头就说，"目失镜，则无以正须眉；身失道，则无以知迷惑。"接着举例说，西门豹性情急躁，所以佩带柔韧的熟皮来提醒自己从容。董安于性情迟缓，所以佩带绷紧的弓弦来鞭策自己敏捷。所以能用多余补充不足，用他人长处接续自己短处的人，就称得上是英明的君主。

韩非子这段话出现了两个成语：

（1）"佩韦自缓"。韦是指牛皮，意思是身佩熟牛皮以提醒自己要像熟牛皮那样软韧。比喻警惕自己的缺点、错误，避免重新出现。韩非子这个人和庄子一样，喜欢用寓言故事来说明道理，因此在他的书中，许多战国时期的法家人物都经常露脸，这其中就有西门豹。

（2）"佩弦自急"。意思是指身佩弓弦以提醒自己要像弓弦那样紧张。比喻警惕自己的缺点、错误，避免重新出现。董安于是晋国人，晋国是法治思想的策源地。董安于担任司马时，使敌间和邪佞之徒，闻至丧胆，不敢作乱。后为晋阳宰，推行类似后来商鞅在秦国的政策，法治严明。董安于这人思虑周全，未雨绸缪；他的领导赵鞅（也就是著名的赵简子，赵氏孤儿赵武之孙）则风风火火，冲动行事，他与董安于就是绝佳的搭档，相互以长补短，所以董安于也佩韦督促自己。朱自清字佩弦，取这个字，是为了来警戒自己的性缓。时人尊称其为佩弦先生。

（三）韩非子说："所以天下有三种定数：一是智者也有办不成的事情，二是力士也有举不起的物件，三是勇士也有不能战胜的对手。他还举例说，即使有唐尧的智慧，若无众人辅佐，大功也建不起来。有乌获（战国时秦之力士。一说可能为更古之力士，后为力士的泛称）的力气，却得不到别人帮助，也不能举起自己。有孟贲（周时秦大力士）、夏育（周时卫大力士）的勇猛，却没有技巧方法作为保障，也不能总是取胜。形势有不具备的时候，事情就会有办不成的时候，所以乌获以千钧为轻而以自身为重，不是他的身体比千钧重，而是形势不允许；离朱（上古神话人物，百步之外毫末）可以看清百步之外的毫毛，却难以看到自己的眉睫，并非百步近而眉睫远，而是条件不允许。所以明君不因乌获不能自举而为难他，不因离硃不能看见自己的睫毛而刁难他。顺应形势，寻找容易成功的条件,所以力少而功名成。韩非子认为,明白了唐尧不能单独成功,乌获不能举起自己,孟贲、夏育不能胜过自我这个道理后,运用方法则观察臣下行为的道理就尽在其中了。"

(四)结论:观行就是观察韩非子所说的"尧不能独成,乌获之不能自举,贲、育之不能自胜",所提出的"以有余补不足""以长补短"的观察方法,对我们克服认识的片面性和局限性提供了借鉴。人难于自知,通过一定的方法,以道正己,是很有必要的。正如荀子所说:"君子生非异也,善假于物也。"

第八节 《韩非子·大体》

【原文】

古之全大体者:望天地,观江海,因山谷,日月所照,四时所行,云布风动;不以智累心,不以私累己;寄治乱于法术,托是非于赏罚,属轻重于权衡;不逆天理,不伤情性;不吹毛而求小疵,不洗垢而察难知;不引绳之外,不推绳之内;不急法之外,不缓法之内;守成理,因自然;祸福生乎道法,而不出乎爱恶;荣辱之责在乎己,而不在乎人。故至安之世,法如朝露,纯朴不散,心无结怨,口无烦言。故车马不疲弊于远路,旌旗不乱于大泽,万民不失命于寇戎,雄骏不创寿于旗幢;豪杰不著名于图书,不录功于盘盂,记年之牒空虚。故曰:利莫长于简,福莫久于安。使匠石以千岁之寿操钩,视规矩,举绳墨,而正太山;使贲、育带干将而齐万民,虽尽力于巧,极盛于寿,太山不正,民不能齐。故曰:古之牧天下者,不使匠石极巧以败太山之体,不使贲、育尽威以伤万民之性。因道全法,君子乐而大奸止;澹然闲静,因天命,持大体。故使人无离法之罪,鱼无失水之祸。如此,故天下少不可。

上不天则下不遍覆,心不地则物不必载。太山不立好恶,故能成其高;江海不择小助,故能成其富。故大人寄形于天地而万物备,历心于山海而国家富。上无忿怒之毒,下无伏怨之患,上下交朴,以道为舍。故长利积,大功立,名成于前,德垂于后,治之至也。

【译文】

古来顾全大局者:能够观察天地以便了解它的变化规律;观察江海以了解它的流动规

律，顺应山谷的高低，遵循日月的光耀、四时的运行、云层的分布、风向的变动这些自然法则；不让聪慧的脑袋侵扰心境，不让贪心的私利拖累自己的身体；把治理国家的纷乱寄托在法术上，把评价事物是非的标准寄托在赏罚上，把衡量事物轻重的砝码托付在权衡上；不违背天道规律，不损伤人的性情；不吹毛求疵，不究极隐私；严格按照法律准绳办事，不拉到准绳的外面，也不推到准绳的里面；对法禁之外的事情不苛刻，对法禁之内的事情不宽容；把握恒定的道理，顺应自然的规律；祸和福由客观法则和国家法度决定，而不是出于个人主观的喜爱和厌恶；荣誉和耻辱的责任在于自己，而不在于他人。所以，最安定的社会，法制好比早晨的露水那样纯洁质朴而不散漫，人们的心里没有积聚难解的怨恨，人们的口中没有愤愤不平的言论。所以，战车军马没有远途奔跑的劳累，战旗没有纵横纷乱于沼泽中，民众不会因为外敌侵犯而丧失生命，勇士不夭折在战旗之下；英雄豪杰不把名字记录在图书上，不把战功铭刻在专门的器皿上，国家编年大事的史册一片空白。所以说：没有什么能比政治的清简产生出更大的好处了，没有什么能比天下长治久安获得的福更大了。让石匠拥有千年的寿命，然后拿着钩子，做好标准，弹好墨线去修整泰山；让孟贲、夏育那样的勇士带着宝刀利剑去治理万民；尽管他们拥有最成熟最完备的技术，而且还拥有超长的寿命，但泰山仍然没有得到修整，民众仍然没有得到良好的治理。这也就是为什么说：古代治理天下的人，绝不会让石匠那样的工匠用尽技巧去破坏泰山的原本，绝不会让孟贲、夏育那样的勇士尽用武力来伤害民众的自然真性。而是遵循自然界的普遍法则，全面运用法度，君主就能享受安乐、大的犯罪就会被制止；淡泊闲静，顺应自然法则，把握事物的整体和根本。所以能使人没有受法令惩治的罪过，能使鱼没有离开水面的祸害。正因如此，天下很少有不能治理好的事。

上面如果不能像天空那么辽阔，就不能覆盖整个世界；心胸如果没有大地那样宽广，就不能负载万物。泰山无好恶之心，对土石兼容并包，所以能够形成它的高大；江海对细流不加选择，所以能够形成它的浩瀚。所以识大体的人能够将自己寄托于天地，像天地那样覆盖和装载万物，从而使万物齐备；要像山海那样不存好恶之心、不挑剔细小的帮助，从而使国家富强。君主没有因为愤怒而引起对臣民的毒害，臣民没有因为积怨而造成对君主的祸患，君主和臣下都纯真朴素，把道作为行动的归宿。所以长远的利益积聚了，伟大的功业建立了，名望树立于生前，恩德流传于后世，这就是治理国家的最高境界。

【解读】

（一）解题：识大体，是指懂得事情的要领或有关大局的道理。韩非子的《大体》篇，意为成大事须识大体，大体者为天地运行之道，社会至治之法，人生平安之理。就国家而言是依法治国之策，就社会组织而言是文化制度之规以及组织运行的行业法规，就个体而言是生存生活环境的规则规矩。总之，识大体，就是知道生存生活环境的规则与规矩，事物的发展规律，环境的大势，要顺势而为，依律而行。

（二）文章开头原文"古之全大体者：望天地，观江海，因山谷，日月所照，四时所行，云布风动"，意思是，古代能够全面把握事物的整体和根本的人，瞭望天地的变化，观察江海的水流，顺应山谷的高低，遵循日月照耀、四时运行、云层分布、风向变动的自然法则。

这段话是通俗易懂的道法自然。韩非子把封建君主懂得遵循的总的治国方略、原则叫做"全大体"。"全大体"就是要按照天地万物运行的规律行事，不违背自然发展的法则，也不违反人之常情。一切按道理办事，依法而行。如何体现呢？关键的一点，是要去"主观"偏私而尚"客观"的公平。

（三）具体怎么做呢？一条一条来。

第 1 条，"不以智累心，不以私累己；寄治乱于法术，托是非于赏罚，属轻重于权衡"。这段要表达的是：别让你的智慧巧思去打扰你的心境，别让私欲私利拖累了你自己；我们应该把国家的治理寄托在法家人物所强调的法术上，事物的是非评价标准依靠赏罚，而物体的轻重则依靠权衡。换句话说，一切以法律为准绳，依法办事，而不是依靠个人的"爱恶"，"不以智累心，不以私累己"，这样不管是对于国家还是对于个人，都有利好。

第 2 条，"不逆天理，不伤情性；不吹毛而求小疵，不洗垢而察难知；不引绳之外，不推绳之内"。也就是告诉我们：不做违背自然规律的事情，不做伤害人的真实性情的事情；不做鸡蛋里挑骨头的事情，不做追根究底去探查隐秘的事情；做事情既不越过法律的准绳，也不钻法律的空子。

我们根据历史史实可以看出，韩非子这段是真知灼见。后世的"文字狱"是最有代表性的。

例证一：在焚书两年后，秦始皇又以诽谤皇帝为罪名，坑杀了四百六十多名儒士、术士，从而造成了史上最有名的"焚书坑儒"。

▶ 《韩非子》的智慧

例证二：坡老的"乌台诗案"：一些大臣从他诗中寻找谋反的证据。在他一首《咏桧树》找到"根到九泉无曲处，世间惟有蛰（蜇）龙知"，指为隐刺皇帝："皇帝如飞龙在天，苏轼却要向九泉之下寻蜇龙，不臣莫过如此！"真大逆不道，遂有牵连三十九人的大案。宋神宗起了杀心，好在宋朝有不杀士大夫的国策，宋神宗最终只得将其贬为黄州团练副使。

例证三：明代的万历皇帝，创造了"中国第一思想犯"——将只是"不以孔孟之是非为是非"的李卓吾打入诏狱，逼其自刎。例证四：清康熙在位六十一年有较大"文字狱"十一起。雍正有"文字狱"近二十多起，其中不少是"亲自揭发"，"亲自审讯"；乾隆皇帝在他六十多年的皇帝生涯中，竟然创造了一百三十多起酷刑"文字狱"，数量比此前中国历史上任何一个时期"文字狱"的所有总和还多。

第3条，"不急法之外，不缓法之内；守成理，因自然"，是要告诉我们：不要对法禁以外的事情过于苛刻，毕竟法律的覆盖范围不是全面的；也不要对法禁以内的事情过于宽容；我们做人做事要把握自然恒定的道理，也就是老子说的"道"，只有顺应自然的规律，顺应"道"，才是长久的道理。

第4条，"祸福生乎道法，而不出乎爱恶；荣辱之责在乎己，而不在乎人"，是要告诉我们：祸和福的产生并非出自于个人的好恶，而是在于是否遵守客观的规律和国家的法则；同样的，我们的荣誉和耻辱也并不来源于他人，而是在于我们自身。

第5条，韩非子关于理想社会有很多标志，比如"天下有道，无急患，故曰静……故走马以粪"。此处的"因道全法，君子乐而大奸止。澹然闲静，因天命，持大体。故使人无离法之罪，鱼无失水之祸。如此，故天下少不可。"是要告诉我们，做人做事都要依据普遍的规律和法则，全面依照法度，那样的话君主就能享受和乐安宁，那些大奸大恶之徒就会失去市场，也就没办法作恶。我们遵循天道法则，通过遵循客观规律来把握事物的整体和根本。也就能够使人没法因触犯法律而承担罪过，能够使鱼没法因为离开水面而给自己带来灾祸。正因如此，所以天下很少有行不通的事情。让民众认识到个人与国家律法犹如鱼儿与水一样的关系，这是何等之难。当民众将个体与国家律法之间的关系视为水与鱼的关系时，守法就成为常态与常识，按社会法则办事成为共识，在这种法治思想下依法治国就没有行不通的，事情就没有办不成的，问题就没有解决不了的。鱼和水的关系是要说在法治环境下守法则生，违法则亡。这是法治社会的对守法的极致要求，虽然世俗世界还达不到，但这也应该是我们努力的方向。

第6条,"上不天则下不遍覆,心不地则物不毕载。"是说,上面如果不能像天空那么辽阔,就不能覆盖整个世界;心胸如果没有大地那样宽广,就不能负载万物。比如,"太山不立好恶,故能成其高;江海不择小助,故能成其富。"泰山对土石没有好恶之心,所以能够形成它的高大;江海对细流不加选择,所以能够形成它的富有。"故大人寄形于天地而万物备,历心于山海而国家富。"所以君子要像天地那样遍覆毕载而使万物齐备,要像山海那样不立好恶、不择小助而使国家富强。

第7条,"上无忿怒之毒,下无伏怨之患,上下交顺,以道为舍。"是说:君主没有因忿怒引起的毒害,臣民没有因积怨造成的祸患,君主和臣下之间的交往都平顺通畅,把道作为最终的归处。"故长利积,大功立,名成于前,德垂于后,治之至也。"所以长远的利益积聚了,巨大的功业建立了,名望树立于生前,恩德流传于后世,从而达到治理国家的最高境界。

(四)结论:以上内容是道家思想的具体化。韩非子的大体观来自道家的自然主义。韩非子的大体论首论天地,即有让人从天地运行之道中明白规律的作用。所谓因道全法,是说知道守道的价值,也有让人知道人类社会也有其自身的发展规律,并要遵守,于人类社会也要按法则规范自己的行为。第一,所谓天地之道,就是天行健自强不息,地势坤厚德载物,尊道守规律,有德能包容。第二,江海之道,就是顺势而为低调作人才能海纳百川。第三,山谷之道,就是阴阳之势人生有起有落但依然不倒。第四,日月之道,就是达则周济四方,君子之德在于助人成事。四时之道,就是耕作按时节,作息有规律。风云之道,就是观天象知风雨,用已知推测未知,用规律预测未来。第五,君主之道,所以君主要像天地那样遍覆毕载而使万物齐备,要像山海那样不立好恶、不择小助而使国家富强。把道做为归宿。第六,概而言之,所谓识大体之道,就是老子的道德物势;韩非子的道理法术势。

第九节 《韩非子·饰邪》

【原文】

凿龟数筴,兆曰"大吉",而以攻燕者,赵也。凿龟数筴,兆曰"大吉",而以攻赵者，燕也。剧辛之事燕，无功而社稷危；邹衍之事燕，无功而国道绝。赵代先得意于燕，后得意于齐，国乱节高。自以为与秦提衡，非赵龟神而燕龟欺也。赵又尝凿龟数筴而北伐燕，将劫燕以逆秦，兆曰"大吉"，始攻大梁而秦出上党矣，兵至厘而六城拔矣；至阳城，秦拔鄴矣；庞援揄兵而南，则鄣尽矣。臣故曰：赵龟虽无远见于燕，且宜近见于秦。秦以其"大吉"，辟地有实，救燕有有名。赵以其"大吉"，地削兵辱，主不得意而死。又非秦龟神而赵龟欺也。初时者，魏数年东乡攻尽陶、卫，数年西乡以失其国，此非丰隆、五行、太一、王相、摄提、六神、五括、天河、殷抢、岁星非数年在西也，又非天缺、弧逆、刑星、荧惑、奎台非数年在东也。故曰：龟筴鬼神不足举胜，左右背乡不足以专战。然而恃之，愚莫大焉。

古者先王尽力于亲民，加事于明法。彼法明，则忠臣劝；罚必，则邪臣止。忠劝邪止而地广主尊者，秦是也；群臣朋党比周以隐正道行私曲而地削主卑者，山东是也。乱弱者亡，人之性也；治强者王，古之道也。越王勾践恃大朋之龟与吴战而不胜，身臣入宦于吴；反国弃龟，明法亲民以报吴，则夫差为擒。故恃鬼神者慢于法，恃诸侯者危其国。曹恃齐而不听宋，齐攻荆而宋灭曹。邢恃吴而不听齐，越伐吴而齐灭邢。许恃荆而不听魏，荆攻宋而魏灭许。郑恃魏而不听韩，魏攻荆而韩灭郑。今者韩国小而恃大国，主慢而听秦、魏，恃齐、荆为用，而小国愈亡。故恃人不足以广壤，而韩不见也。荆为攻魏而加兵许、鄢，齐攻任、扈而削魏，不足以存郑，而韩弗知也。此皆不明其法禁以治其国，恃外以灭其社稷者也。

臣故曰：明于治之数，则国虽小，富；赏罚敬信，民虽寡，强。赏罚无度，国虽大，兵弱者，地非其地，民非其民也。无地无民，尧、舜不能以王，三代不能以强。人主又以过予，人臣又以徒取。舍法律而言先王明君之功者，上任之以国。臣故曰：是原古之功，以古之赏赏今之人也。主以是过予，而臣以此徒取矣。主过予，则臣偷幸，臣徒取，则功不尊。无功者受赏，则财匮而民望；财匮而民望，则民不尽力矣。故用赏过者失民，用刑过者民不畏。有赏不足以劝，有刑不足以禁，则国虽大，必危。故曰：小知不可使谋事，小忠不可使主法。荆恭王与晋厉公战于鄢陵，荆师败，恭王伤。酣战，而司马子反渴而求饮，其友竖谷阳奉卮酒而进之。子反曰："去之，此酒也。"竖谷阳曰："非也。"子反受而饮之。子反为人嗜酒，甘之，不能绝之于口，醉而卧。恭王欲复战而谋事，使人召子反，子反辞以心疾。恭王驾而往视之，入幄中，闻酒臭而还，曰："今日之战，寡人目亲伤。所恃者司马，司马又如此，是亡荆国之社稷而不恤吾众也。寡人无与复战矣。"罢师而去之，斩子反以为大戮。故曰：竖谷阳之进酒也，非以端恶子反也，实心以忠爱之，而适足以杀之而已矣。此行小忠而贼大忠者也。故曰：小忠，大忠之贼也。若使小忠主法，则必将赦罪，赦罪以相爱，是与下安矣，然而妨害于治民者也。

当魏之方明《立辟》、从宪令行之时，有功者必赏，有罪者必诛，强匡天下，威行四邻；及法慢，妄予，而国日削矣。当赵之方明《国律》、从大军之时，人众兵强，辟地齐、燕；及《国律》满，用者弱，而国日削矣。当燕之方明《奉法》、审官断之时，东县齐国，南尽中山之地；及《奉法》已亡，官断不用，左右交争，论从其下，则兵弱而地削，国制于邻敌矣。故曰：明法者强，慢法者弱。强弱如是其明矣，而世主弗为，国亡宜矣。语曰："家有常业，虽饥不饿；国有常法，虽危不亡。"夫舍常法而从私意，则臣下饰于智能；臣下饰于智能，则法禁不立矣。是亡意之道行，治国之道废也。治国之道，去害法者，则不惑于智能，不矫于名誉矣。昔者舜使吏决鸿水，先令有功而舜杀之；禹朝诸侯之君会稽之上，防风之君后至而禹斩之。以此观之，先令者杀，后令者斩，则古者先贵如令矣。故镜执清而无事，美恶从而比焉；衡执正而无事，轻重从而载焉。夫摇镜，则不得为明；摇衡，则不得为正，法之谓也。故先王以道为常，以法为本。本治者名尊，本乱者名绝。凡智能明通，有以则行，无以则止。故智能单道，不可传于人。而道法万全，智能多失。夫悬衡而知平，设规而知圆，万全之道也。明主使民饰于道之故，故佚而则功。释规而任巧，释法而任智，惑乱之道也。乱主使民饰于智，不知道之故，故劳而无功。

释法禁而听请谒群臣卖官于上，取赏于下，是以利在私家而威在群臣。故民无尽力事主之心，而务为交于上。民好上交，则货财上流，而巧说者用。若是，则有功者愈少。奸臣愈进而材臣退，则主惑而不知所行。民聚而不知所道。此废法禁、后功劳、举名誉、听请谒之失也。凡败法之人，必设诈托物以来亲，又好言天下之所希有。此暴君乱主之所以惑也，人臣贤佐之所以侵也。故人臣称伊尹、管仲之功，则背法饰智有资；称比干、子胥之忠而见杀，则疾强谏有辞。夫上称贤明，下称暴乱，不可以取类，若是者禁。君子立法以为是也，今人臣多立其私智以法为非者，是邪以智，过法立智。如是者禁，主之道也。明主之道，必明于公私之分，明法制，去私恩。夫令必行，禁必止，人主之公义也；必行其私，信于朋友，不可为赏劝，不可为罚沮，人臣之私义也。私义行则乱，公义行则治，故公私有分。人臣有私心，有公义。修身洁白而行公行正，居官无私，人臣之公义也；污行从欲，安身利家，人臣之私心也。明主在上，则人臣去私心行公义；乱主在上，则人臣去公义行私心。故君臣异心，君以计畜臣，臣以计事君，君臣之交，计也。害身而利国，臣弗为也；害国而利臣，君不为也。臣之情，害身无利；君之情，害国无亲。君臣也者，以计合者也。至夫临难必死，尽智竭力，为法为之。故先王明赏以劝之，严刑以威之。赏刑明，则民尽死；民尽死，则兵强主尊。刑赏不察，则民无功而求得，有罪而幸免，则兵弱主卑。故先王贤佐尽力竭智。故曰：公私不可不明，法禁不可不审，先王知之矣。

【译文】

钻烧龟甲、计算蓍草进行卜筮，兆象"大吉"，因为这吉兆而去攻打燕国的是赵国。钻烧龟甲、计算蓍草进行卜筮，兆象"大吉"，因此攻打赵国的是燕国。剧辛效力燕国，无功可言，却导致国家危险；邹衍效力燕国，无功可言，却导致国家命脉断绝。赵国先战胜燕国，后战胜齐国，国内混乱还趾高气扬，自以为和秦国势均力敌了，这并不是因为赵国的占卜灵验而燕国的占卜骗人。赵国还曾通过钻烧龟甲、计算蓍草进行卜筮，而向北讨伐燕国，打算挟持燕国去抗拒秦国，兆象是"大吉"。赵国才开始进攻燕国的大梁，秦国就从上党出兵了；赵军进至釐城，自己的六个城已被秦军攻占了；赵军进至阳城，秦军攻占赵的邺地；等到庞援引兵往南救援时，鄗地一带却又全被秦军占领了。所以说：赵国的占卜即使对攻打燕国缺乏远见，也应对秦攻赵有所预见。秦国因为占卜兆象上说"大吉"，开辟疆土既得实惠，救援燕国又得美名，赵国因为占卜兆象上说"大吉"，领土削减士兵受辱，赵王不能如愿以偿而死亡，这也并不是秦国的占卜灵验而赵国的占卜骗人。开始的时候，魏国几年间向东全部攻下了陶邑、卫国，又有几年向西攻秦却丧失了许多国土，而这并非是因为丰隆、五行、太一、王相、摄提、六神、五括、天河、殷抢、岁星等吉星有几年都处在西方，也并非是天缺、弧逆、刑星、荧惑、奎台等凶星几年都处在东方。所以说：依靠卜筮，卦问鬼神根本不足以推断战争的胜负，星体方位的变化也不足以决定战争的结果。但人们却还要依仗它们来指挥战争，没有什么比这更加愚蠢的了。

古代先王致力于亲近百姓，从事于彰明法度。彰明法度，忠臣就受到鼓励；刑罚一定执行，奸臣就停止作恶。忠臣受到鼓励，奸臣停止作恶，因而国土拓展、君主因此尊贵，秦国正是这样；群臣结党拉派来背离正道营私舞弊，因而国土丧失，君主卑下，山东六国正是这样。混乱和弱小的走向衰亡，这是人性的一般规则；安定和强盛的最终称王天下，这是古已有之的规律。越王勾践凭借着贵重龟甲显示出的吉兆同吴国打仗，结果并没有取胜，他自己也变成了俘虏去吴国服贱役；等到越王勾践返回越国之后就彻底抛弃了龟甲，彰明法度、亲近百姓以求卧薪尝胆，结果吴王夫差被擒获了。所以依靠鬼神保佑的就会忽视法治，依仗别国援助的就会危害祖国。曹国依仗齐国而不服从宋国，齐攻楚时宋灭了曹。邢国依仗吴国而不服从齐国越伐吴时齐灭了邢。许国依仗楚国而不服从魏国，楚攻宋时魏灭了许。郑国依仗魏国而不服从韩国，魏国攻打楚国时韩国灭了郑国。现在韩国弱小而依仗大国，君主忽视法治而服从秦国、魏国，依仗齐国和楚国作为治国的手段，结果使本就弱小的魏国越发趋于灭亡。所以依仗别人不足以开拓疆土，而韩国却看不见这一点。楚国为了攻打魏国而出兵攻打许、鄢，齐国攻打任、扈而侵夺魏地，但这些都不足以保存韩国，而韩国却不清楚这一点。这些都是不彰明法令来治理祖国，却依仗外国而导致祖国灭亡的例子。

所以我要说：懂得治理的办法，那么国家虽小，也可以富有；赏罚谨慎守信，民众虽少，也可以强大。赏罚没有标准，国家虽然广大，但兵力衰弱，那么土地可能会不属于自己，民众也会不属于自己。没有土地和民众，尧舜也不能称王天下，夏、商、周三代也不能强盛，君主又错误地行赏，臣子又白白地得赏。对那些不顾法律而谈论先王明君功绩的人，君主却把国事委托给他。所以我说：这是指望有古代的功绩，却拿古代的赏赐标准去奖赏现在的空谈家。君主错误地行赏，臣子因此白白地得赏。君主错误地行赏，臣下就会有侥幸心理；臣下白白地得赏，功劳就不显得尊贵了。没有功劳的人受到奖赏，国家财力就会匮乏，民众就会抱怨；财乏民怨，民众就不会为君主尽力了。所以行赏不当，就会失去民众，用刑不当，民众就不再畏惧。有赏赐却起不到鼓励作用，有刑罚却起不到禁止作用，那么国家即使强大，也一定很危险。所以说：有小聪明的人不能让他谋划事情，有小忠诚的人不能让他掌管法令。楚恭王和晋厉王在鄢陵交战，楚军失利，恭王受伤。战斗正激烈时，司马子反口渴要水喝，他的亲信侍仆谷阳捧了一杯酒给他。子反说："拿走，这是酒。"侍仆谷阳说："这不是酒。"子反接过来喝了。子反喜欢喝酒，觉得酒味甘甜，一喝就停不下来，结果喝醉后睡着了。恭王想重新开战和他谋划战事，派人叫子反，子反借口心病而加以推辞。恭王乘车前去看他，进入帐中，闻到酒气而返回，说："今天的战斗，我的眼睛受了伤。我所依赖的是司马，司马又这般模样，这是忘记了楚国的江山，不关心我的民众。我不能和敌人重新开战了。"于是引兵离开鄢陵，把司马子反处以极刑。所以

> 《韩非子》的智慧

说：侍仆谷阳进酒，并非本来就恨子反，而是真心地忠爱子反，但最终却恰好因此而害了他。这便是行小忠而害大忠。所以说：小忠是对大忠的祸害。如果让行小忠的人掌管法制，那就必然会赦免罪犯来显示仁爱，这样他同下面的人是相安了，但却妨害了治理民众。

当魏国正在彰明《立辟》、遵从法令行政的时侯，有功劳的人一定会受到奖赏，有罪行的人一定会受到惩罚，国家强盛得可以使天下归正，威势达到四邻诸侯；等到《立辟》的法令松弛，赏赐混乱，国家就日益衰弱了。当赵国正在彰明《国律》、从事军队建设的时侯，人多兵强，攻占了齐、燕的土地；等到《国律》废弛，执政者软弱，国家就日益衰弱了。当燕国正在彰明《奉法》、重视政府决策的时侯，往东把齐国作为自己的郡县，往南完全占领了中山的国土；等到《奉法》律令消失，政府决策不再实行，左右亲信相互争斗，君主听从臣下决策，于是兵力削弱，土地削减，国家也就受制于邻国了。所以说：严明法制的国家就强大，轻忽法制的国家就弱小。强弱对比是如此的分明，而当代君主却不实行，国家危亡就是应该的了。俗语说："家里有固定产业，即使荒年也不会挨饿；国家有固定法制，即使危险也不会衰亡。"舍弃固定法制而顺从个人意志，臣下就会粉饰自己的智能；臣下粉饰自己的智能，法律禁令就起不到作用。这样一来，就会导致随心所欲的做法通行于世，以法治国的原则就会慢慢废弃了。治理国家的原则是舍弃危害法令的行为，就不会受智能的迷惑，不会被虚名所欺骗了。过去舜派官吏排泄洪水，他把那些早于命令而抢先立功的人杀了；禹在会稽山上接受诸侯国君的朝见，防风氏迟到而禹杀了他。由此看来，先于命令的杀，后于命令的也杀，那么古代首先重视的是依法办事。所以镜子只需保持明亮而不受干扰，美丑就会自动显露出来；衡量器只需保持平衡而不受干预，轻重就会因此衡量出来。摇动镜子就不能清楚地照出事物，摇动衡量器就不能准确地衡量轻重，说的就是要遵守法制。所以先王把道作为常规，把法作为根本。法制严明，君主名位就尊贵；法制混乱，君主名位就丧失。凡是智能高强的人，有依据就行动，没有依据就停止。所以智能是偏道，不能传给别人。道和法是万全的，而智能多有偏失。悬挂衡量器才知道轻重是否平衡，设置圆规才知道是否画得圆，这是万全之道。英明的君主让百姓按照法制规范行事，因而不费力就能把国家治理好。凡是丢掉规矩而单凭技巧，放弃法治而单凭智慧，就会使人产生迷惑和混乱。昏庸的君主使民众用智巧粉饰自己，是不懂道的缘故，所以劳而无功。

放弃法令而听从请托，群臣在上面出卖官爵，从下面取得报酬，所以利益归于私门而权势落于群臣。所以百姓没有尽力侍奉君主的心意，而致力于结交大臣。百姓喜欢结交大臣，财货就向上流入大臣之手而花言巧语的人就被任用。假如形成这种局面，有功的人就越来越少。奸臣越来越得到进用而有才能的臣子遭到斥退，君主就会迷惑而不知道该怎么办，百姓聚集起来也不知道何去何从。这是废法令、轻功劳、重名声、听请托的过失。凡是败坏法制的人，一定会设下骗局，假托有事来亲近君主，又喜欢谈论天下少见的东西，这就是暴君昏主受迷惑、贤人忠臣受侵害的原因。所以臣子们称颂伊尹、管仲的功劳，他们违背法制粉饰智巧就有了根据；称颂比干、伍子胥的忠贞被杀，那么他们激烈地向君主进谏就有了借口。一方面说君主贤明，一方面说君主暴乱，二者不可以类比，像这样的行为就应禁止。君主立法认为它是正确的，现在臣子多标榜个人智巧来否定国法，这就是用智巧来肯定奸邪，诋毁法制而标榜智巧。像这样的行为应予禁止，这是做君主的原则。英明君主的治国原则，一定要明白公私的区别，彰明法制，舍弃私人恩惠。有令必行，有禁必止，是君主的公义；一定要实现自己个人的打算，在朋友中取得信任，不能被国家的赏赐所鼓励，不能被君主的刑罚所阻止，这是臣子的私义。私义风行国家就会混乱，公义风行国家就会平安，所以公私是有区别的。臣子有私心，有公义。修身廉洁而办事公正，做官无私，是臣子的公义；玷污品行而放纵私欲，安身利家，是臣子的私心。英明的君主在上，臣子就去私心行公义；昏庸的君主在上，臣子就去公义行私心。所以君臣心愿不同，君主蓄养臣子依靠谋算，臣子侍奉君主也依靠谋算，君臣交往依靠的是算计。危害自身而有利国家，臣子是不做的；危害国家而有利臣子，君主是不干的。臣子的本心，危害自身就谈不上利益；君主的本心，危害国家就谈不上亲近。君臣关系是凭算计结合起来的。臣子遇到危难一定拼死效忠，竭尽才智和力量，是法度让他们这样做的。所以先王明定赏赐来加以勉励，严定刑罚来加以制服。赏罚分明，那么臣民就会拼死效忠；臣民拼死效忠，兵力就会强盛，君主就会尊贵。刑赏不分明，臣民就会没有功劳而谋取利益，有罪而侥幸企图免罚，结果是兵力弱小，君主卑下。所以先王贤臣都竭力尽心来维护法度严明赏罚。所以说：公私界线不可不清楚，法律禁令不可不分明，先王是懂得这个道理的。

【解读】

（一）解题："饰"通"饬"，饬邪意思是整治邪恶，依法整治歪风邪气。

(二) 本文中，韩非子列举了七种歪风邪气。

第一是巫蛊迷信。因有历史教训"龟策鬼神不足举胜，然而恃之，愚莫大焉"；接着，韩非子通过举例燕、赵两国出兵之前卜筮为吉兆，出兵之后却兵败割地的恶果；越王勾践沉迷于卜筮，却导致自己接连失败，最后不得不放弃卜筮，然后秣马厉兵，结果反而大胜，这个史实告诉君主："恃鬼神者慢于法，卜筮危其国。"只有充分树立起法律的权威，强权筑势，赏罚分明，趋利避害，尽量满足民众们一定的欲望，才能最终实现富国强兵、一统天下的君主专制的梦想。

第二是依赖外国。不自力更生，奋发图强，终受人摆控。

第三是赏罚无度。这样就法无威而国无信。

第四是小忠，此为大忠之贼。这里，我们说一段喝酒误事的故事来强调韩非子的观点：荆恭王与晋厉公战于鄢陵。楚恭王和晋厉王交战，恭王受伤。战斗正激烈时，司马子反口渴要水喝，亲信谷阳拿酒给他。子反说："拿走，这是酒。"谷阳说不是酒，子反好酒，一喝就停不下来了！结果喝醉后睡着了。恭王想重新开战派人叫子反，子反借口心病而加以推辞。恭王乘车前去看他，进入帐中，闻到酒气而返回，说："今天的战斗，我的眼睛受了伤。我所依赖的是司马，司马又这般模样，我不能和敌人重新开战了。"于是引兵离开，把司马子反处以极刑。故事的结尾说："故曰：竖谷阳之进酒也，非以端恶子反也，实心以忠爱之，而适足以杀之而已矣。"司马子反的侍从谷阳进酒，并非本来就恨子反，而是真心地忠爱子反，但最终却恰好因此而害了他。韩非子认为，这便是行小忠而害大忠，所以说：小忠是对大忠的祸害。如果让行小忠的人掌管法制，那就必然会赦免罪犯加以爱护，这样他同下面的人是相安了，但却妨害了治理民众。

第五是小智，此为大道之敌。"释法而任智，惑乱之道也。"

第六是反私心倡公义。英明君主的治国原则，一定要明白公私的区别，彰明法制，舍弃私人恩惠。有令必行，有禁必止，是君主的公义；一定要实现个人的打算，在朋友中取得信任，不能用赏赐鼓励，不能用刑罚阻止，是臣子的私义。私义风行国家就会混乱，公义风行国家就会平安，所以公私是有区别的。臣子有私心，有公义。修身廉洁而办事公正，做官无私，是臣子的公义；抛弃品行而放纵私欲，安身利家，是臣子的私心。英明的君主在上，臣子就去私心行公义；昏庸的君主在上，臣子就去公义行私心。

最后，韩非子撕开君臣假面，说：所以君臣的心愿是不一样的，君主靠算计蓄养臣子，臣子靠算计侍奉君主，君臣交往的是算计。危害自身而有利国家，臣子是不做的；危害国家而有利臣子，君主是不干的。遵循臣子的本心，如果危害到臣子自身就谈不上利益；遵循君主的本心，如果危害到国家就谈不上亲近。君臣关系是依靠谋算而结合起来的。

（三）结论：韩非子认为君主在治理国家时，不仅仅要做到科学立法、公正执法、赏罚分明、亲理朝政，还要整顿不良风气。要做到"两手都要抓，两手都要硬"才能治理好国家，否则国家将面临亡国危险。

第十节　《韩非子·用人》

【原文】

闻古之善用人者，必循天顺人而明赏罚。循天，则用力寡而功立；顺人，则刑罚省而令行；明赏罚，则伯夷、盗跖不乱。如此，则白黑分矣。治国之臣，效功于国以履位，见能于官以受职，尽力于权衡以任事。人臣皆宜其能，胜其官，轻其任，而莫怀余力于心，莫负兼官之责于君。故内无伏怨之乱，外无马服之患。明君使事不相干，故莫讼；使士不兼官，故技长；使人不同功，故莫争。争讼止，技长立，则强弱不觳力，冰炭不合形，天下莫得相伤，治之至也。

释法术而心治，尧不能正一国，去规矩而妄意度，奚仲不能成一轮；废尺寸而差短长，王尔不能半中。使中主守法术，拙匠守规矩尺寸，则万不失矣。君人者能去贤巧之所不能，守中拙之所万不失，则人力尽而功名立。

明主立可为之赏，设可避之罚。故贤者劝赏而不见子胥之祸，不肖者少罪而不见伛剖背，盲者处平而不遇深谷，愚者守静而不陷险危。如此，则上下之恩结矣。古之人曰："其心难知，喜怒难中也。"故以表示目，以鼓语耳，以法教心。君人者释三易之数而行一难知之心，如此，则怒积于上而怨积于下。以积怒而御积怨，则两危矣。明主之表易见，故约立；其教易知，故言用；其法易为，故令行。三者立而上无私心，则下得循法而治，望表而动，随绳而断，因攒而缝。如此，则上无私威之毒，而下无愚拙之诛。故上居明而少怒，下尽忠而少罪。

> 《韩非子》的智慧

闻之曰："举事无患者，尧不得也。"而世未尝无事也。君人者不轻爵禄，不易富贵，不可与救危国。故明主厉廉耻，招仁义。昔者介子推无爵禄而义随文公，不忍口腹而仁割其肌，故人主结其德，书图著其名。人主乐乎使人以公尽力，而苦乎以私夺威；人臣安乎以能受职，而苦乎以一负二。故明主除人臣之所苦，而立人主之所乐。上下之利，莫长于此。不察私门之内，轻虑重事，厚诛薄罪，久怨细过，长侮偷快，数以德追祸，是断手而续以玉也，故世有易身之患。

人主立难为而罪不及，则私怨生；人臣失所长而奉难给，则伏怨结。劳苦不抚循，忧悲不哀怜，喜则誉小人，贤不肖俱赏，怒则毁君子，使伯夷与盗跖俱辱，故臣有叛主。使燕王内憎其民而外爱鲁人，则燕不用而鲁不附。民见憎，不能尽力而务功；鲁见说，而不能离死命而亲他主。如此，则人臣为隙穴，而人主独立。以隙穴之臣而事独立之主，此之谓危殆。释仪的而妄发，虽中小不巧；释法制而妄怒，虽杀戮而奸人不恐。罪生甲，祸归乙，伏怨乃结。故至治之国，有赏罚而无喜怒。故圣人极有刑法，而死无螫毒，故奸人服。发矢中的，赏罚当符，故尧复生，羿复立。如此，则上无殷、夏之患，下无比干之祸，君高枕而臣乐业，道蔽天地，德极万世矣。

夫人主不塞隙穴而劳力于赭垩，暴雨疾风必坏。不去眉睫之祸而慕贲、育之死；不谨萧墙之患而固金城于远境；不用近贤之谋而外结万乘之交于千里，飘风一旦起，则贲、育不及救，而外交不及至，祸莫大于此。当今之世，为人主忠计者，必无使燕王说鲁人，无使近世慕贤于古，无思越人以救中国溺者。如此，则上下亲，内功立，外名成。

【译文】

听说古代善于用人的君主，必定会遵循自然规律、顺应人情并且赏罚分明。遵循自然规律，就能够用少量的气力建立功业；顺应人情，就能够用少量的刑罚推行法令；赏罚分明，就不会将伯夷与盗跖相混淆。这样一来，社会上的事情就会黑白分明。得到充分治理国家的臣子，都是通过为国家建功来履行职守，通过为公尽能来接受职务，通过尽力依法办事来担任职事。每个做臣子的都能充分发挥他们的才能，都能充分胜任他们的官职，都能圆满完成他们的任务，而不需要把多余的力量保存在心里，不需要承担兼任官职的责任。所以国之内没有埋伏怨恨的祸乱，国之外没有像赵括那样轻敌冒进的祸患。英明的君主使官吏的职事互不干扰，所以没有争吵发生；使臣子各司其职，所以各有专长；使百姓不会因同一件事而争功，所以不会发生争斗。争吵平息了，专长表现出来了，强弱之间就不会争胜，如同冰与炭不放在同一个器皿中一样，天下所有的人都不会互相伤害，这就是治世的最高境界。

放弃法术而按照自己的主观意念办事，就是尧这样的明君也不能管理好一个国家；舍弃规矩而去胡乱猜测，就是奚仲也不能做好一个轮子；废弃尺寸而靠主观来比较长短，就是王尔也不能做到一半都符合标准。假若才能中等的君主能够遵循法术，笨拙的匠人能够遵循规矩尺寸，就能做到万无一失了。做君主的能放弃贤人、巧匠也办不成的事情，奉行中等才能的君主和笨拙的匠人都万无一失的做法，人们就会竭尽全力，功业和名望也会建立起来。

英明君主设立臣民通过努力可以得到的赏赐，设立百姓可以避免的刑罚。所以有德才的人奋力立功得赏而不会遭遇伍子胥那样的灾祸，无德才的人少犯罪而不会像驼背人那样受冤枉刑罚，盲人处在平坦的地方而不会遇到深渊，蠢人过着安静的生活而不会陷入险境。这样的话，君臣之间的恩情就结下了。古人说："人心难以捉摸，喜怒难以猜中。"所以要用标志给眼睛当坐标，用鼓声给耳朵传信息，用法制给人心作规范。做君主的人放弃这三种容易的方法而用一种难以摸透的主观意图行事，如此一来，君主就会积怨，臣下就会积怨。用积怨的君主来驾驭积怨的臣下，君臣都会有危险。英明君主的标准清晰明了，所以就容易确立约定；他的教导使人容易明白，所以他说的话就能被遵用；他的法制容易实行，命令也能得到执行。这三方面都做到了，而君主又没有私心，那么臣下就可以遵循法令而治理政事，如同看着标志来行动，随着墨线来下斧，根据锥孔来上针一样。这样一来，君主就没有滥施淫威的残酷，臣下也没有愚蠢笨拙的过失。所以君主处在明智的地位而不积怨，臣下竭尽忠诚而无罪。

曾听说过这样的话："办事不出差错，就是尧也做不到。"而世间从来没有平安无事的时候，做君主的不轻易赐与爵禄，不轻易赏赐富贵，就不能解救危亡的国家。所以英明的君主鼓励廉耻之心，提倡仁义之举。过去介子推没有爵禄，凭着"义"追随晋文公出亡；途中饥饿难忍，又凭着"仁"割下身上的肉给晋文公吃，所以君主铭记他的德行，在书上著录他的名字。君主乐于使臣下为了国家利益尽力，而苦于他们为了个人利益夺权；臣子安于凭才能接受职务，而苦于身兼二职。所以英明的君主除去君臣苦恼的事，开创君臣乐于见到的局面。君臣的利益，没有比这更深远的了。不考察大臣私下的活动，轻率地考虑

► 《韩非子》的智慧

重大的事情，过重地处罚犯轻罪的人，长期怨恨臣下的小错，经常侮弄臣下来取得一时的愉快，频繁地用恩惠来补偿给人造成的灾难，这就像砍断手臂而接上玉一样，所以天下有君位被篡的祸患。

君主树立难以达到的标准，而去怪罪达不到标准的臣下，臣下就会产生私怨；臣下丢掉特长而去从事难以胜任的事情，心头就会积下怨恨。君主不抚慰臣子的劳苦，不同情臣子的忧伤；高兴时连小人都称誉，对德才好的人和不好的人一律赏赐；发怒时连君子也诋毁，使伯夷和盗跖同遭侮辱；所以臣子中就有背叛君主的人。假如燕王对内憎恨本国民众，对外喜爱鲁国人，那么燕人就不为他所用，鲁人也不会依附他。燕人被憎恨，就不能尽力去争取为国立功；鲁人被喜爱，但不能冒死罪去亲近别国君主。如果这样，臣子就成了缝隙一样的隐患，君主就会陷于孤立。用成了隐患的臣子去侍奉孤立的君主，这就叫危险。放弃靶子而胡乱发射，即使射中很小的东西也不算技艺高超；放弃法制而乱发脾气，即使大肆杀伐，奸人也不会害怕。甲犯了罪，祸归于乙，怨恨就产生了。所以治理得最好的国家，实行赏罚，但不凭个人喜怒，所以圣明的人能达到治国的最高境界；施行刑法，但不会逞私威杀人，所以奸人服罪。射箭中靶，赏罚得当，所以社会就如同尧可复生，羿能再世。这样一来，君主就没有殷、夏那种亡国的祸患，臣下就没有比干那样因忠谏而剖心的灾难，君主高枕无忧，臣下乐于尽职，治国之道普遍地实行于天下，恩德流传千秋万代。

君主不消除身边的隐患而致于粉饰屋墙外表，遇到暴风骤雨，墙一定会崩坏。不消除眼前祸患，却幻想孟贲、夏育那样的勇士为自己效死，不谨防内部祸患，却在边远地带加固城墙，不采用国内贤士的谋略，却去结交千里之外的大国，变故一旦发生，孟贲、夏育来不及解救，而结交的大国来不及伸出援手，灾祸再没有比这更大的了。在当今社会中，替君主忠心献计的人，一定不要使自己的君主学燕王爱鲁人，不要使当代君主去仰慕古代的贤人，不要去指望会游泳的越国人来救中原地区的溺水者。这样一来，君臣就能亲密无间，在国内建立功业，在国外成就威名。

【解读】

（一）解题：这一篇专门谈君主的用人之道，韩非子提出了用人的三原则，即：循天、顺人、明赏罚。

（二）《用人》篇开篇便说，听说古代善于任用官吏的君主，一定是遵循自然规律、顺应人情而赏罚分明的。遵循自然规律，那么使用少量的力气就能建立功业；顺应人情，那么使用少量的刑罚就能推行法令；赏罚分明，那么就不会把伯夷、盗跖混为一谈。像这样，社会上的事情就会黑白分明。看得出，这三条原则概括为一句话，就是要依法治人。循天、顺人二事，是从立法角度说的；明赏罚一事，是从执法角度说的。总而言之，是先制定切实可行的法律制度，然后严格依法治人，做到赏罚分明。这就是韩非子心目中最好的用人之道。换句话说，是一篇阐述法家用人原则的文章，它的核心就是要依法用人。

（三）具体来说：

第一，所谓循天，就是遵循天道。这里的天道，就是老子所说的"道"。韩非子的思想是本源于老子的。前面我们解读过他的《解老》《喻老》二篇，专门解读老子的思想。韩非子认为，制定法律的根本依据在于"道"。这里的"道"可理解为客观规律；这里的"循天"，可以理解为在认识清楚客观规律的基础上，适应实际情况，制定出切合实际的法律制度。

第二，所谓顺人，就是顺应人情。这里的"人情"，不是指"人情世故"中的"人情"，而是大致上可以理解为"人的实际情况"。法律制度的设计，要考虑执行人的实际情况。韩非子具体讲了两点：一是"立可为之赏，设可避之罚"。也就是说，法律规定的赏赐执行人只要努力，就能得到，而不是让人可望不可即，只能望梅止渴；法律规定的惩罚只要不是故意去犯法就能避免，而不是动辄得咎。二是"士不兼官"。就是人各有专职，不要身兼数职。专职的好处，第一是可以发挥专长，第二是便于明确责任。

第三，明赏罚，就是赏罚分明。在这里，韩非子最看重的是"依法"二字，君主凭喜怒，则奸人不恐，好人不服，早晚把国家搞砸。相反，若是人人都在能发挥自己专长的岗位上专心地做事，只要尽心去做，就能依法受到封赏，避免法律的惩罚。这样，君主不用自己辛苦就把事办好了，臣子尽了力后能得到国家的认可和待遇，上下都很满意，这才能和谐。这才是"治之至也"。

讲完这三条原则之后，我们重点说下韩非子"任人唯贤"的观点。需强调的是，韩非子的观点与流行的"用人唯贤"的观点并不一致。他反对"举贤""用贤"的观点，认为这些并不是"用人"问题的根本和关键。"千军易得，一将难求"。难道韩非子不懂这些道理？他为什么还要反对任人唯贤、反对因人施治、反对用人不疑、反对用信任和感情去

▶ 《韩非子》的智慧

留人呢？

（四）原因："用人唯贤"不符合韩非子的法家思想。韩非子为封建君主提出的是"依法用人"的观点。

乾隆皇帝曾经深入研究过《韩非子》，他晚年的一句名言很精辟地阐述了"贤者误国"的理论："本朝纪纲整肃，无名臣，亦无奸臣。何也？乾纲在上，不致朝廷有名臣奸臣，亦社稷之福耳。"说白了，皇帝为了保证大权独揽，必须严厉压制官员的主观能动性，使他们不敢乱说乱动，江山社稷自然安宁。

具体来理解韩非子的思想内涵：

第一，用贤的界限。韩非子自然不反对任用贤能之人，但是法家任用贤能的限度在于，不管他多么贤能，都必须把他牢牢置于君主绝对权威的控制之下，严密提防其对君主绝对权力构成任何可能的威胁。所以，韩非子反对的是"好贤"，也就是反对把任用贤人变成一种附庸风雅、博得名声的个人癖好，或把大权交给贤人之后就放任不管。一旦君主"好贤"变成一种癖好，人臣就会假装贤人来投其所好，欺骗君主。

第二，贤臣的标准。对于什么样的人算是君主应当任用的"贤能"，韩非子的标准跟儒家、道家又大不相同。像道家所赞颂的许由、巢父之类，儒家所赞赏的伯夷、叔齐之类，在韩非子看来根本就是无用之臣，他还认定君主绝对用不到这一类无用之臣。韩非子认为君主应该任用的是伊尹、商鞅、管仲这一类的人，他们既"明于霸王之术，察于治强之数"，而又能"适当世明主之意"。说白了，就是要既管用又听话。

韩非子举了三个例子：

第一个是齐国的田桓。田成子，本名田恒，齐国高门望族，善于以"大斗借，小斗收"的方法来收买民心。不择手段让自己家族人丁兴旺。他是怎么做的呢？田成子从全国挑出一百个女子为妾，又招揽天下宾客，一来宣示天下自己好客，二来让宾客随意出入后院，于是他去世之前便有了七十多个儿子。他的孩子们成年后到齐国各地做封君，齐国七十余城就全成了田家的地盘。把姬妾当作繁衍宗族人丁的策略取得巨大的效果，可以算作是剑走偏锋。在分封制下，仅仅凭这七十多个儿子便将齐国的七十多座城池收入囊中，不费吹灰之力。

第二个是宋子罕。就是那个以不贪为宝的子罕，春秋时宋国的司空。宋国饥荒的时候，子罕便请示宋平公拿出国家宗室的粮食借给老百姓，让宋国的大夫们也都把粮食拿出来借给百姓。子罕把自己家族的粮食借给别人，却不写借据，不要求别人归还。晋国的叔向听说这些情况后，说他的家族，肯定会长盛不衰，他们应该都能够执掌国家的政权吧！这是因为民心都已归向他们了。其实子罕还是不错的，但韩非子站在君主角度则会认为他是别有所图。

第三个是楚白公。白公胜之父太子建遭郑国人杀害，他回楚国后被封为巢邑大夫。白公胜喜好用兵，礼贤下士，总想攻打郑国替父报仇。后白公胜叛乱，囚禁楚惠王，自立为楚王。最后白公胜兵败，自缢而死，楚惠王恢复王位。

韩非子认为他们都做到了"上逼君，下乱治，援外以挠内、亲下以谋上"，是非常危险的一类，只有圣王智主能控制他们，一般君主无法驾驭。

第三，举贤的规则。更为重要的是，韩非子认为选拔任用贤能，一定要有一套可以操作的"法"与"术"，也就是要有一套法律制度和程序办法，不能仅凭君主的主观判断和个人喜好判定谁是贤能。因此君主不能自己来"选贤"，不能凭自己主观喜好来选贤，而要通过一套制度和规则来选贤。

关于这种选拔任用考核官吏的制度、规则或程序，《韩非子》书中有许多论述，例如：高级官吏必须具有基层工作的经验："宰相必起于州部，猛将必发乎卒伍"，即官吏只能逐级提拔，不能搞火箭式突击提拔；对官吏要有一套任免、考核、管理的办法。总之，是通过一定的制度和程序来选拔官员，避免主观随意性，即使在今天看来，也仍然是个好方法。

韩非子所说的贤臣误国其实是指不加限制地任贤，不加审视地举贤误国。但需要注意的是，韩非子的贤臣必须得是听话的，为君主服务的，而不能像伯夷叔齐那般有自己的正义观，因此对于韩非子的贤臣观，我们需要打一个大大的问号。

《韩非子》在许多篇中曾明确地阐述过"用人唯贤"的危害。如《二柄》篇说："人主有二患：一是任贤，二是妄举。"任贤"与"妄举"虽看似互相对立，但结果却是相同的。因为"任贤"侧重的是道德，或者是道德标准优先的，而道德的高下全在舆论的评价。这样，就难保巧言令色之徒不去"造势"或"做秀"；而凭"造势"或"做秀"的结果去"用人"，与"妄举"又有什么区别？二者不是殊途同归了吗？其实韩非子希望社会上"小人少而君子多"，但在用人原则上，则坚决反对"用人唯贤"或进行"感情投资"，而主张"依法用人"。

当然，"依法用人"，这个"法"应该有可操作性。反对"用人唯贤"，从根本上讲，是因为"用人唯贤"的"贤"的评定缺少客观标准，可能走向主观随意性；现在"依法用人"了，虽然"用人"有客观法则可"依"，但如果这个"法"完全不切实际，那也等于没有"法"，最后还得回到"人治"的老路上去。所以韩非子又提出"明主立可为之赏，设可避之法"。别人劳心劳力，君主却舍不得付出，就像项羽一样，那还有谁为你出力？韩非子所说的"君人者不轻爵禄，不易富贵，不可与救危国"意思是做君主的不肯放手赏给臣下爵禄和富贵，就不能解救危亡的国家。同样，罚也要有可行性，要有威慑力。赏罚都要有可操作性，要准确、得当。如能很好地实行"依法用人"，那么这个社会就可以好到极点。

（五）结论：如果说韩非子"依法用人"主张的出发点是为了封建君主的话，那么从它的客观效果来讲，确实是为了全天下的人才。因为"用人"问题最重要的是不埋没人才，让真正的人才发挥作用。这只有通过比较与竞争才能实现；而比较与竞争最重要的前提，乃是公正、公开、公平的竞争机制和环境。韩非子强调"依法用人"，在"用人"时依"法术"而去"心治"、依"规矩"而去"意度"，不在其中掺杂任何个人的主观情感因素，正是天下英才所期盼的客观公正的选人用人机制和环境。在这一点上，应该说韩非子的思想是有其超前性和永久的价值的。

第十一节　《韩非子·功名》

【原文】

明君之所以立功成名者四：一曰天时，二曰人心，三曰技能，四曰势位。非天时，虽十尧不能冬生一穗；逆人心，虽贲、育不能尽人力。故得天时则不务而自生，得人心，则不趣而自劝；因技能则不急而自疾，得势位则不推进而名成。若水之流，若船之浮。守自然之道，行毋穷之令，故曰明主。

夫有材而无势，虽贤不能制不肖。故立尺材于高山之上，下则临千仞之谷，材非长也，位高也。桀为天子，能制天下，非贤也，势重也；尧为匹夫，不能正三家，非不肖也，位卑也。千钧得船则浮，锱铢失船则沉，非千钧轻锱铢重也，有势之与无势也。故短之临高也以位，不肖之制贤也以势。人主者，天下一力以共载之，故安；众同心以共立之，故尊。人臣守所长，尽所能，故忠。以尊主主御忠臣，则长乐生而功名成。名实相持而成，形影相应而立，故臣主同欲而异使。人主之患在莫之应，故曰：一手独拍，虽疾无声。人臣之忧在不得一，故曰，右手画圆，左手画方，不能两成。故曰，至治之国，君若桴，臣若鼓，技若车，事若马。故人有余力易于应，而技有余巧便于事。立功者不足于力，亲近者不足于信，成名者不足于势。近者不亲，而远者不结，则名不称实者也。圣人德若尧、舜，行若伯夷，而位不载于世，则功不立，名不遂。故古之能致功名者，众人助之以力，近者结之以成，远者誉之以名，尊者载之以势。如此，故太山之功长立于国家，而日月之名久著于天地。此尧之所以南面而守名，舜之所以北面而效功也。

【译文】

英明的君主要立功成名，必须基于四个条件：一是天时，二是人心，三是技能，四是势位。不顺应天时，即使有十个尧，也没法让庄稼在冬天里结出一个麦穗；悖逆了人心，即使孟贲、夏育也不肯尽全力。所以顺应了天时，即使不很努力，庄稼也会自然生长；得到了人心，就是不用督促，民众也能自我勉励；凭借技能，即便不急于求成，事情也会很快完成；得到了势位，即使不进取，名声也会大振。事情好像水的流动，好像船的飘浮，遵循自然规律，推行畅通无阻的法令，所以称为英明的君主。

有才能而没有权势，即使是有德才的人，也不能制服无德无才的人。所以在高山上竖立一尺长的木头，就能俯临千仞深的峡谷，并不是因为木头长，而是因为所处的位置高。夏桀之所以能够成为天子，做到控制天下，并不是因为他贤能，而是因为他权势重；尧作普通人之时，尚且不能够管理好三户人家，并不是因为他不够贤能，而是因为他的地位低下。千钧重物依靠着船就能漂浮起来，锱铢轻物没有船载就会沉下去，这并不是因为千钧轻而锱铢重，而是因为有没有船的浮力这种势的差别。所以高山上竖立的一根短木居高临下凭借的是位置，不贤者制服贤人凭借的是权势。做君主的，天下合力来共同拥戴他，所以地位稳定；天下齐心来共同推举他，所以地位尊贵。臣下发挥特长，竭尽所能，因此称为忠诚。用尊贵的君主役使忠诚的臣子，就会出现长治久安的局面，建立起功业和名望。名、实相依赖而形成，形、影相对应而出现，所以君臣目标相同而使命不同。君主的忧患在于没有人响应，所以说，一只手单独来拍，虽然很快，但发不出声音来。臣子的忧患在

► 《韩非子》的智慧

于不能专职，所以说，右手画圆形，左手画方形，不能同时成功。所以说，治理得最好的国家，君主如同鼓槌，臣子如同鼓，技能如同车，事情如同马。所以人有余力容易响应召唤，技巧高超就容易办成事情。想要建立功业的人力量不够，和君主亲近的人忠诚不够，拥戴君主成就名望的人权势不够，贴身的人不贴心，关系远的人不交结，那君主就是名不符实了。圣人的道德如同尧舜，行为如同伯夷，但势位不为世人所拥护，就不能立功，也不能成名。所以古代能够成就功名的人，众人用力帮助他，身边的人真心交结他，关系远的人用美名赞誉他，位尊的人用权势拥戴他，正因如此，君主的丰功伟绩就如同泰山一样长期建立于国家之中，君主的盛名威望就如同日月一样在天地之间永放光芒。这就是尧所以南面称王时要保持名位，舜所以北面称臣时献功效忠的原因。

【解读】

（一）"一手独拍，虽疾无声"。一只手拍出的声音。一个巴掌尽管用力也拍不响，故云"孤掌难鸣"，形容势单力薄。此句意在强调做事要互相配合、协调，才能有成效。

"右手画圆，左手画方，不能两成。"这两句有趣的话皆出自《韩非子·功名》。大意是：一个人右手画圆形，左手又要画方形，那么一定不能同时画好两种形状。说明心无二用。此名句的深层意义是在强调治学或做事要用志不分，专心不二。

解题：这篇文章是说君主若想功成名就，就要集齐四大要素：天时、人心、技能、势位。这里仅技能属于自身的内在因素，天时、人心、位势都属于自身外在的社会环境因素。人心与位势还可以人为地部分争取，但决定权也不在自身。如此看来，在功成名就的要素中，个人努力的要素至多占一半的分量，所以过分强调自我因素，未必是正确的观念。一个人的命运，当然要靠自我奋斗，但也要考虑到历史进程。

举例而言，孔子就是因为缺少权势地位而没有成为人世间的君王。历史上有无数可歌可泣的人物，并不是他们的事迹不足以成名，而是其中缺少了某个因素。贵为君主也是如此。在韩非子看来，君主要建立功名，固然要靠"天时""得人心""因技能"，更要靠"势位"。有了君位权势，再得到臣下的配合，才能获得成功。

（二）先来说如何成为圣明的君主。韩非子说，要做一位"立功成名"的古代"明君"，得有四个必备条件：

一是"天时"。何谓天时？注意，"天""时"是两个概念，天是外界大环境，对人来说社会环境就是天，对一个单位来说领导和政策的大环境是"天"。针对不同的地方这个"天"也是不同的。"时"是契机的意思。所谓得不得"时"，就是说你有没有得到、掌握合适的契机。

举例而言，三国中水镜先生说："孔明虽得其主，不得其时。"是说诸葛亮遇到了刘备这样的明主，但是他出生在一个乱世之中，一生操劳是在所难免的，最后诸葛亮无功而返，病死在五丈原也说明了这一点。再举例来说，某场战役的天时地利人和，地利是地形优势，占据易守难攻的高地，自己打对方容易，对方攻我不易。人和，自不必说，是道义支持人们支持。那天时呢？除了有利于我方的天气环境，比如刮风下雨之外，还有一种大趋势在里面，也就是契机。这个命数可以说是天意，也可以说是个人、群体努力的结果。就是因缘合和，是一种力量、一种大势。

二是"人心"。唐太宗在还未登基之前便曾立下赫赫战功，故而他在军中以及民间的威望是非常高的。此外，他所设立的文学馆也为他招揽了诸多人才。凭借这些条件，本无望继承皇位的唐太宗通过"玄武门之变"成功登基为帝。唐太宗登基之后任用贤臣，虚心听取谏言，对内进行休养生息，对外则强硬扩张。唐朝在他的治理下得到快速发展，最后还实现了"贞观之治"。可见，"人心"则指"人和"，人人心里都向着你、与你保持一致，那你就有"人和"；反之，则说明你失掉了"人心"，缺少了"人和"。

三是"技能"。有了"天时""人心"，还需要"技能"。俗话说："机会只给有准备的人。"又说："谋事在人，成事在天。"这都说明要成功还要看主观方面的条件。这个主观方面的条件则是"谋"，是办事的才能、技巧——"技能"。不仅君主，每个人也都需要处理事物，人与人，人与社会的技巧与能力。

四是"势位"。也就是处在什么位置。在"势位"这个词中，"位"好理解一些，指人处的地位或位置。人们常说"要给自己准确定位"，即是说每个人都要弄清自己所处的准确位置。"势"的含义非常多，"权势"、"威势"、"形势"等，那韩非子所谓的"势"呢？韩非子说，夏桀做了天子，就能控制天下，这并不是他有才有德，而是因为他"势重"；尧做普通百姓，还管不了三户人家，这也不是因为他无才无德，而是因为他"位卑"。可见，韩非子所谓"势"，乃指其政治地位及与之相连的"权势"。

左思有一首《咏史》诗写道："郁郁涧底松，离离山上苗。以彼径寸茎，荫此百尺条。世胄蹑高位，英俊沉下僚。地势使之然，由来非一朝。"所以韩非子认为，竖立一尺

▶ 《韩非子》的智慧

长的木材在高山之上，那么就能俯视千仞的深谷，并不是因为木材很长，而是因为站的地势很高。他感慨道：一个人如果没有权，也就没有势。进一步说就是，桀做天子时能控制整个天下，并不是因为他贤能，而是因为他有很重的权势；尧作为普通人，管理不好三户人家，并不是因为他不够贤能，而是因为他的权势不够，地位卑贱。重逾千斤之物依靠船就能浮起来，锱铢小物如果没有船的依托就会沉下去，并不是因为千钧轻而锱铢重，而是因为是否依靠船的浮力这种"势"的差别。所以短木能够居高临下凭借的是位置，不贤者能够制服贤人凭借的是权势。在韩非子看来，做君主的，天下合力来共同拥戴他，所以地位能够稳定；天下齐心来共同推举他，所以权势能够尊贵。臣下发挥特长，竭尽所能，所以忠诚。用尊贵的君主驱使忠诚的臣子，就会出现长治久安的局面，建立起功业和名望。

进而言之，我们现代人要想成功成名，这四个因素也是缺一不可。如果缺少其中某个因素，不能怨天尤人，只有遵循自然的道路，顺其自然，顺应时势，等待时机或提升技能，才能争取民心或夺取权势地位。一个人能在多大程度上掌控自己的命运并最终获得成就，在于时机、群众基础、自身才能和地位非凡之人的扶持。可太多的人浮躁盲目，不想耐心等待这四种因素的齐集，只要有了其中一两种，便急不可待地认为自己掌控了人间的法则，可以飞黄腾达。是的，他们或许可以办到，但办到者，用不了多久就会如流星一样迅速陨落，沦为跳梁小丑。

在中国古代的历史上，也有在谋略、政论、军事、音乐领域都有着相当深厚积淀的人。可异常丰富的知识，却并未能改变或挽救他们坎坷多舛的命运。比如因缺乏"天时"而沦为俳优的东方朔，他是西汉时期著名的文学大家，却因社会地位极其一般，以致被人讥笑。他回答道："这事你不懂！治世和乱世不一样！想那苏秦、张仪所处的时代，周室衰微，诸侯不朝，争权夺利，兵革相战，兼并为十二国，难分雌雄。得士者强，失士者亡，所以他们能被提拔重用、大展骏足，以致泽及后世，子孙长享。如今则不然：圣主德泽四方，天下震慑，诸侯宾服。四海相连如同腰带，天下安稳得像倒扣的痰盂。一举一动尽在掌握，贤与不贤如何区分呢？"就是说在东方朔看来，他自己是一只大老鹰，应该翱翔于春秋战国那种乱世，在太平盛世就根本扑腾不开，只能委屈一下，做只公鸡了！

（三）结论：谋事在人，成事在天。如果没有这些，想取得功名很难，如果有了这些，想不有功名都难。

第十二节 《韩非子·难势》

【原文】

慎子曰：飞龙乘云，腾蛇游雾，云罢雾霁，而龙蛇与蚓蚁同矣，则失其所乘也。贤人而诎于不肖者，则权轻位卑也；不肖而能服于贤者，则权重位尊也。尧为匹夫，不能治三人；而桀为天子，能乱天下；吾以此知势位之足恃而贤智之不足慕也。夫弩弱而矢高者，激于风也；身不肖而令行者，得助于众也。尧教于隶属而民不听，至于南面而王天下，令则行，禁则止。由此观之，贤智未足以服众，而势位足以缶贤者也。

应慎子曰：飞龙乘云，腾蛇游雾，吾不以龙蛇为不托于云雾之势也。虽然，夫择贤而专任势，足以为治乎？则吾未得见也。夫有云雾之势而能乘游之者，龙蛇之材美之也；今云盛而蚓弗能乘也，雾醲而蚁不能游也，夫有盛云醲雾之势而不能乘游者，蚓蚁之材薄也。今桀、纣南面而王天下，以天子之威为之云雾，而天下不免乎大乱者，桀、纣之材薄也。且其人以尧之势以治天下也，其势何以异桀之势也，乱天下者也。夫势者，非能必使贤者用已，而不肖者不用已也。贤者用之则天下治，不肖者用之则天下乱。人之情性，贤者寡而不肖者众，而以威势之利济乱世之不肖人，则是以势乱天下者多矣，以势治天下者寡矣。夫势者，便治而利乱者也。故《周书》曰："毋为虎傅翼，飞入邑，择人而食之。"夫乘不肖人于势，是为虎傅翼也。桀、纣为高台深池以尽民力，为炮烙以伤民性，桀、纣得乘肆行者，南面之威为之翼也。使桀、纣为匹夫，未始行一而身在刑戮矣。势者，养虎狼之心而成暴乱之事者也，此天下之大患也。势之于治乱，本末有位也，而语专言势之足以治天下者，则其智之所至者浅矣。夫良马固车，使臧获御之则为人笑，王良御之而日取千里。车马非异也，或至乎千里，或为人笑，则巧拙相去远矣。今以国位为车，以势为马，以号令为辔，以刑罚为鞭策，使尧、舜御之则天下治，桀、纣御之则天下乱，则贤不肖相去远矣。夫欲追速致远，不知任王良；欲进利除害，不知任贤能：此则不知类之患也。夫尧舜亦治民之王良也。

复应之曰：其人以势为足恃以治官；客曰"必待贤乃治"，则不然矣。夫势者，名一而变无数者也。势必于自然，则无为言于势矣。吾所为言势者，言人之所设也。夫尧、舜

《韩非子》的智慧

生而在上位，虽有十桀、纣不能乱者，则势治也；桀、纣亦生而在上位，虽有十尧、舜而亦不能治者，则势乱也。故曰："势治者则不可乱，而势乱者则不可治也。"此自然之势也，非人之所得设也。若吾所言，谓人之所得势也而已矣，贤何事焉？何以明其然也？客曰："人有鬻矛与盾者，誉其盾之坚，'物莫能陷也'，俄而又誉其矛曰：'吾矛之利，物无不陷也。'人应之曰：'以子之矛，陷子之盾，何如？'其人弗能应也。"以为不可陷之盾，与无不陷之矛，为名不可两立也。夫贤之为势不可禁，而势之为道也无不禁，以不可禁之势，此矛盾之说也。夫贤势之不相容亦明矣。且夫尧、舜、桀、纣千世而一出，是比肩随踵而生也。世之治者不绝于中，吾所以为言势者，中也。中者，上不及尧、舜，而下亦不为桀、纣。抱法处势则治，背法去势则乱。今废势背法而待尧、舜，尧、舜至乃治，是千世乱而一治也。抱法处势而待桀、纣，桀、纣至乃乱，是千世治而一乱也。且夫治千而乱一，与治一而乱千也，是犹乘骥駬而分驰也，相去亦远矣。夫弃隐栝之法，去度量之数，使奚仲为车，不能成一轮。无庆赏之劝，刑罚之威，释势委法，尧、舜户说而人辨之，不能治三家。夫势之足用亦明矣，而曰"必待贤"，则亦不然矣。且夫百日不食以待粱肉，饿者不活；今待尧、舜之贤乃治当世之民，是犹待粱肉而救饿之说也。夫曰："良马固车，臧获御之则为人笑，王良御之则日取乎千里"，吾不以为然。夫待越人之善海游者以救中国之溺人，越人善游矣，而溺者不济矣。夫待古之王良以驭今之马，亦犹越人救溺之说也，不可亦明矣。夫良马固车，五十里而一置，使中手御之，追速致远，可以及也，而千里可日致也，何必待古之王良乎？且御，非使王良也，则必使臧获败之；治，非使尧、舜也，则必使桀、纣乱之。此味非饴蜜也，必苦莱、亭历也。此则积辩累辞，离理失术，两未之议也，奚可以难夫道理之言乎哉？客议未及此论也。

【译文】

慎到说：飞龙乘着云飞行，腾蛇乘着雾游走，然而一旦云雾散开，它们就会如同蚯蚓、蚂蚁一样寻常，因为它们失去了腾空飞行的依靠。品德好的人之所以屈服于品德不好的人，只是因为品德好的人权力小、地位低；品德不好的人之所以能被贤人制服，也只是因为品德好的人的权力大、地位高。尧要是一个平民，他连三个人也管不住；而桀作为天子，却能混乱天下；我由此得知，权势和地位是足以依赖的，而贤能和智慧是不足以羡慕的。弓弩力弱而箭头飞得很高，这是因为风力的推动；自身品德不好而命令得以推行，这

108

是因为得到了众人的帮助。尧一开始在平民百姓中实施教化，平民百姓都不听他的；等他南面称王开始统治天下之日，就能做到有令则行，有禁则止。由此看来，贤能和才智并不足以使民众信服，而权势、地位是足以使贤者屈服的。

有人反驳慎到说：飞龙乘云，腾蛇驾雾，我并不认为龙蛇是不依托云雾这种势的。虽说这样，但舍弃贤才而专靠权势，难道就可以治理好国家吗？那我可是从来没有见过。有了云雾的依托，就能腾云驾雾飞行，是因为龙蛇天生资质高；现在云气浩盛而蚯蚓并不能腾云，雾气浓烈而蚂蚁并不能驾雾。有了浓云浓雾的依托，而不能腾云驾雾飞行，是因为蚯蚓、蚂蚁天生资质低。现在夏桀、商纣南面称王统治天下，他们把天子的威势作为依托，而天下仍然不免于大乱，正说明夏桀、商纣的资质低的缘故。再说慎到认为尧凭权势来治理天下，而尧的权势和桀的权势没有什么不同，结果桀把天下扰乱了。权势这东西，并不是一定能够让贤人用它，而品德不好的人不能用。贤能之人用它天下就太平，不贤能之人用它天下就混乱。按人的本性说，贤能之人少而不贤能之人多，如果用权势的便利来帮助那些扰乱社会的不贤能之人，这种情况之下，用权势来扰乱天下的人就多了，用权势来治理天下的人就少了。权势这东西，既便于治理天下，也有利于扰乱天下。所以《周书》上说："不要给老虎添上翅膀，否则它将飞进城邑，任意吃人。"要是让不贤的人凭借权势，这好比给老虎添上了翅膀。夏桀、商纣造高台、挖深池来耗尽民力，用炮烙的酷刑来伤害民众的生命。桀、纣能够胡作非为，是因为天子的威势成了他们的翅膀。假使桀、纣只是普通的人，那么不等他们干一件坏事，就被处死了。可见权势是滋长虎狼之心、造成暴乱事件的东西，也就是天下的大祸害。权势对于国家的太平或混乱，本来没有什么固定的关系，可是慎到的言论专讲权势能用来治理天下，他的智力所能达到的程度是够浅薄的了。良马坚车，让奴仆驾驭就要被人讥笑，而让王良驾驭却能日行千里。车马没有两样，有的可以日行千里，有的却被人讥笑，这是因为驾车的灵巧和笨拙相差太远了。假如把国家当作车，把权势当作马，把号令当作缰绳，把刑罚当作马鞭，让尧、舜来驾驭天下就太平，让桀、纣来驾驭天下就混乱，可见贤君和暴君相差太远了。要想跑得快走得远，却不知道任用王良；要想兴利除害，却不知道任用贤能之人，这是不懂得类比的危害。尧、舜也就是治理民众方面的王良。

又有人驳斥那个责难慎到的人说：慎到认为权势是可以用来处理政事的，而你却说"一定要等到贤人出现，才能治理好天下"，这是不对的。所谓权势，名称只有一个，但含义却是变化无穷的。如果权势一定要出于自然，那就用不着讨论它了。我要谈的权势，是人为设立的。假使尧和舜一生下来就居于君主的位置，那么即使有十个桀和纣也没法扰乱天下，这就是"势治"；假使桀和纣同样一生下来就居于君主的位置，那么即使有十个尧和舜也没法治理好天下，这就是"势乱"。所以说："势治"就不可能扰乱，而"势乱"就不可能治理好。这都是自然之势，不是人能设立的。像我说的，是说人能设立的权势罢了，何必用什么贤人呢？怎样证明我的话是对的呢？某人讲了一个故事，说：有个卖矛和盾的人，夸耀他的盾很坚固，就说"没有东西能刺穿它"，一会儿又夸耀他的矛说："我的矛很锐利，没有什么东西刺不穿的。"有人驳斥他说："用你的矛刺你的盾，会怎么样呢？"他没法回答。因为不能刺穿的盾和没有东西刺不穿的矛，在道理上是不能同时存在的。按照贤治的原则，贤人是不受约束的；按照势治的原则，无论什么人都要被约束，不受约束的贤治和什么都要约束的势治就构成了矛盾。贤治和势治的不能相容也就很清楚了。再说，尧、舜、桀、纣这样的人，一千世才能出现一次，这就算是紧接着降生的了。世上的君主不断以中等人才出现，我之所以要讲权势，是为了这些中等人才。中等才能的君主，上比不过尧、舜，下也不至于成为桀、纣。掌握法度、据有权势就可以使天下太平，背离法度、丢掉权势就会使天下混乱。假如废弃权势、背离法度，专等尧、舜出现才使国家太平，这是千世乱而一世太平。掌握法度、据有权势，等待桀、纣，桀、纣出现才使国家混乱，这就是千世太平而一世混乱。依此而论，太平一千世才有一世混乱，和混乱一千世才有一世太平相比，就像骑着千里马背道而驰，二者相距越来越远。如果放弃规整形状的工具，不用度量尺寸的技术，就是让奚仲造车，也不能造出一个轮子。没有奖赏的鼓励，刑罚的威严，放弃了权势，不实行法治，只凭尧、舜挨户劝说，逢人辩论，连三户人家也管不好。权势的重要作用已经很明显了，而你说"一定要等待贤人"，那也就不对了。况且要一百天不吃饭的人去等待好的饭食，挨饿的人就活不成；现在要等待尧、舜这样的贤人来治理当代的民众，这好比等待将来好的饭食来解救饥饿的说法。你说："良马坚车，让奴仆驾驭就要被人讥笑，而让王良驾驭却能日行千里"，我认为不是这样。等待越国的游泳高手来救中原地区落水的人，越国的高手就算再擅长游泳，中原落水的人也不能得救了。等待古代最擅长驾车的人王良来驾驭当今的车马，就如同等待越国善游泳的人来救人一样，显而易见是行不通的。只要配置了良马坚车，再给每五十里设置一个驿站，即使让中等资质的车夫来驾驶，也可以达到跑得快走得远的目的，就算是一天行驶一千里路程也可以按时到达，所以又何必等待古代擅长驾驶的王良呢？况且，驾车只要是不用王良，就一定会让仆从们把事情办糟；治理国家只要是不用尧、舜，就一定会让桀、纣把国家搞乱。

这种味道，不是蜜糖，就一定是苦菜。这种堆砌言辞，违背常理，而趋于极端化的理论，怎能用来责难那种合乎道理的言论呢？你的议论赶不上势治理论啊。

【解读】

（一）解题：什么是难？

这是一种文体。"难"（nàn）是辩难，是反驳，相当于今天的驳论文。因为韩非子还有几篇辩难类的文章：《难一》《难二》《难三》《难四》《难势》，共五篇。故选此为代表。

（二）本难是为慎到辩护。

先说说慎到这个人：慎到（约公元前390年~公元前315年），赵国人，《史记》说他专攻"黄老之术"，是从道家中出来的法家创始人。齐宣王时，他曾长期在稷下学宫讲学，对于法家思想在齐国的传播做出了贡献。

慎到重"势"，最终目的仍是为了重视法律，只有君主掌握了权势，才能保证法律的执行。所以，慎到反对儒家主张的"德治"，认为那样不可能使法律贯彻执行，会产生很多弊端。在无为而治方面，他认为，如果国君什么事都自己亲自去做，不但会筋疲力尽，还会使大臣旁观，不积极做事，等一旦有了过失，大臣会把责任推到君主身上，使君臣矛盾的激化甚至会导致谋反篡位的事出现。

（三）韩非子在这里是怎样替慎到辩护的呢？

慎到说：飞龙乘着云飞行，腾蛇乘着雾游走，然而一旦云雾散开，它们就会如同蚯蚓、蚂蚁一样寻常，因为它们失去了腾空飞行的依靠。品德好的人之所以屈服于品德不好的人，只是因为品德好的人权力小、地位低；品德不好的人之所以能被品德好的人制服，也只是因为品德好的人的权力大、地位高。"尧为匹夫，不能治三人；而桀为天子，能乱天下"。这句话的意思就是尧要是没有地位、权势，只是一个平民，他连三个人也管不住；而桀作为天子拥有了权势、地位，所以能搞乱天下。因此，慎到由此推论出：权势、地位是足以依赖的，而贤能和智慧是不足以羡慕的。弓弩力弱而箭头飞得很高，这是因为借助于风力的推动；自身品德不好而命令得以推行，这是因为得到了众人的帮助。尧一开始在平民百姓中实施教化，平民百姓都不听他的；等他南面称王开始统治天下之日，就能做到有令则行，有禁则止。由此看来，贤与智并不足以使民众信服，而权势、地位是足以使贤者屈服的。

（四）责难的人来了：

应慎子曰，也就是有人责难慎到说：飞龙乘云，腾蛇驾雾，我并不认为龙蛇是不依托云雾这种势的。虽说这样，但舍弃贤才而专靠权势，难道就可以治理好国家吗？那我可是从来没有见过。有了云雾的依托，就能腾云驾雾飞行，是因为龙蛇天生资质高；现在同是厚云，蚯蚓并不能腾云，同是浓雾，蚂蚁并不能驾雾。有了厚云浓雾的依托，而不能腾云驾雾飞行，是因为蚯蚓、蚂蚁天生资质低。说到夏桀、商纣南面称王统治天下的情况，他们把天子的威势作为依托，而天下仍然不免于大乱的缘故，正说明夏桀、商纣的资质低。

再说慎到认为尧凭权势来治理天下，而尧的权势和桀的权势没有什么不同，结果桀把天下扰乱了。权势这东西，并不是一定能够让贤能之人用它，而品德不好的人不能用。贤人用它天下就太平，不贤能之人用它天下就混乱。按人的本性说，贤能之人少而不贤能之人多，如果用权势的便利来帮助那些扰乱社会的不贤能之人，这种情况之下，用权势来扰乱天下的人就多了，用权势来治理天下的人就少了。权势这东西，既便于治理天下，又会扰乱天下。

所以《周书》上说："不要给老虎添上翅膀，否则它将飞进城邑，任意吃人。"要是让不贤能之人凭借权势，这好比给老虎添上了翅膀。夏桀、商纣造高台、挖深池来耗尽民力，用炮格的酷刑来伤害民众的生命。桀、纣能够胡作非为，是因为天子的威势成了他们的翅膀。假使桀、纣只是普通的人，还没有开始干一件坏事，就被处死了。可见权势是滋长虎狼之心、造成暴乱事件的东西，也就是天下的大祸害。权势对于国家的太平或混乱，本来没有什么固定的关系，可是慎到的言论专讲权势能用来治理天下，他的智力所能达到的程度是够浅薄的了。

良马坚车，让奴仆驾驭就要被人讥笑，而让王良驾驭却能日行千里。车马没有两样，有的可以日行千里，有的却被人讥笑，这是因为驾车的灵巧和笨拙相差太远了。假如把国家当作车，把权势当作马，把号令当作缰绳，把刑罚当作马鞭，让尧、舜来驾驭天下就太平，让桀、纣来驾驭天下就混乱，可见贤君和暴君相差太远了。要想跑得快走得远，不知道任用王良；要想兴利除害，不知道任用贤能之人；这是不懂得类比的危害。尧、舜也就是治理民众方面的王良。

复应之曰：也就是又有人（姑且认为就是韩非子）驳斥那个责难慎到的人说：慎到认为权势是可以用来处理政事的，而你却说"一定要等到贤人出现，才能治理好天下"，这是不对的。所谓权势，名称只有一个，但含义却是变化无穷的。权势一定要出于自然，那就用不着讨论它了。我要谈的权势，是人为设立的。假如尧、舜生来就处在君主的位置上，即使有十个桀、纣也不能扰乱天下，这就叫做"势治"。

假如桀、纣同样生来就处在君主的位置上，即使有十个尧、舜也不能治好天下，这就叫作"势乱"。所以说，"势治"就不可能扰乱，而"势乱"就不可能治理好。这都是自然之势，不是人能设立的。像我说的，是说人能设立的权势罢了，何必用什么贤人呢？怎样证明我的话是对的呢？某人讲了一个故事，说：有个卖矛和盾的人……这在道理上是不能同时存在的。按照贤治的原则，贤人是不受约束的；按照势治的原则，无论什么人都要被约束，不受约束的贤治和什么都要约束的势治就构成了矛盾。贤治和势治的不能相容也就很清楚了。

再说，尧、舜、桀、纣这样的人，一千世才能出现一次，这就算是紧接着降生的了。世上的君主不断以中等人才出现，我之所以要讲权势，是为了这些中等人才。中等才能的君主，上比不过尧、舜，下也不至于成为桀、纣。掌握法度、据有权势就可以使天下太平，背离法度、丢掉权势就会使天下混乱。假如废弃权势、背离法度、专等尧、舜出现才使国家太平，这是千世乱而一世太平。掌握法度、据有权势，等待桀、纣，桀、纣出现才使国家混乱，这就是千世太平而一世混乱。

依此而论，太平一千世才有一世混乱，和混乱一千世才有一世太平相比，就像骑着千里马背道而驰，二者相距越来越远。如果放弃矫正木材的工具，不用度量尺寸的技术，就是让奚仲造车，也不能造出一个轮子。没有奖赏的鼓励，刑罚的威严，放弃了权势，不实行法治，只凭尧、舜挨户劝说，逢人辩论，连三户人家也管不好。权势的重要作用已经很明显了，而你说"一定要等待贤人"，那也就不对了。

况且要一百天不吃饭的人去等待好饭菜，挨饿的人就活不成；现在要等待尧、舜这样的贤人来治理当代的民众，这好比等将来的好饭菜来解救饥饿的说法。你说："良马坚车，让奴仆驾驭就要被人讥笑，而让王良驾驭却能日行千里"我认为不是这样的。落水的时候

▶ 《韩非子》的智慧

等待越国的游泳高手来救中原地区落水的人，越国的高手就算再擅长游泳，中原落水的人也并不能得救。驾车的时候等待古代最擅长驾车的人王良来驾驭当今的车马，就如同等待越国善游泳的人来救人一样，显而易见是行不通的。只要配置了良马坚车，再给每五十里设置一个驿站，即使让中等资质的车夫来驾驶，也可以达到跑得快走得远的目的，就算是一天行驶一千里路程也可以按时到达，所以又何必等待古代擅长驾驶的王良呢？况且，驾车只要是不用王良，就一定会让仆从们把事情办糟；治理国家只要是不用尧、舜，就一定会让桀、纣把国家搞乱。这种味道，不是蜜糖，就一定是苦菜。这也就是堆砌言辞，违背常理，而趋于极端化的理论，怎能用来责难那种合乎道理的言论呢？你的议论赶不上势治理论啊。

势，是韩非子的中心思想：法、术、势中的一个主要侧重点。而《难势》就是重点讲解什么是势。韩非子说：抱法处势则治，背法去势则乱。"权势"这是韩非子的势。

（五）这时就有人说了："如果君王权势过大，却是个坏蛋，那老百姓不遭殃了嘛？"

韩非子为了辩驳这种观点，提出：老百姓是否遭殃，不是由权势决定的，而是由拥有权势的人是否拥护法制而决定的。前面韩非子算了笔账：尧、舜、禹一千年才出现一次，如果不用法制，不守王法，那一千年只有尧、舜、禹出来的那一年是好的，剩下的九百九十九年都是坏的。夏桀、商纣这样的暴君也是一千年才出一个。如果拥护法制，遵守王法，那一千年只有夏桀、商纣出现的那一年才是坏的，剩下的九百九十九年都是好的。这就是证明了权势的重要性，有了权势，官员老百姓都听君王的。君王的法度才可以推行，君王的意愿才会得到满足，君王的雄才大略才可以得到施展。

《难势》整篇叙述了一个浅显易见的道理：远水解不了近渴。好的事物并不是马上就可以得到的。一个坏车就算用王良（王良是中国古代善于驾驭的人）来驾驭，那也是要坏的。可是这并不能说明王良就不如普通马夫。王良善于驾驭不是重点，驾驭马车达到目的地才是重点。车已经坏掉了，先修好车，再让普通的马夫循序渐进的驾驶到目的地才是正确的。而这就是"权势"的重要性了。

（六）结论：显然，韩非子的"难势"，主要是对儒、墨诘难慎到之"势论"的再"辩难"，而不是直接对慎到的辩难或诘难。对于慎到之说，韩非子更多的是赞成与辩护。而且将慎到的"势"，进一步划分为"自然之势"与"人设之势"，较慎到进了一步，但还是未抓住"势"的本质。一个人能不能令行禁止，倒不在于他有没有帝王的称号，而要看他是否掌握着政权。中外历史上之所以有那么多高坐于金銮宝殿上的傀儡皇帝，而并非

·114·

皇帝的"曹丞相"之类,但他们却可以"挟天子以令诸侯",原因正在于此。

第十三节 《韩非子·难言》

【原文】

臣非非难言也,所以难言者:言顺比滑泽,洋洋纚纚然,则见以为华而不实。敦祗恭厚,鲠固慎完,则见以为掘而不伦。多言繁称,连类比物,则见以为虚而无用。揔微说约,径省而不饰,则见以为刿而不辩。激急亲近,探知人情,则见以为僭而不让。闳大广博,妙远不测,则见以为夸而无用。家计小谈,以具数言,则见以为陋。言而近世,辞不悖逆,则见以为贪生而谀上。言而远俗,诡躁人间,则见以为诞。捷敏辩给,繁于文采,则见以为史。殊释文学,以质信言,则见以为鄙。时称诗书,道法往古,则见以为诵。此臣非之所以难言而重患也。

故度量虽正,未必听也;义理虽全,未必用也。大王若以此不信,则小者以为毁訾诽谤,大者患祸灾害死亡及其身。故子胥善谋而吴戮之,仲尼善说而匡围之,管夷吾实贤而鲁囚之。故此三大夫岂不贤哉?而三君不明也。上古有汤至圣也,伊尹至智也;夫至智说至圣,然且七十说而不受,身执鼎俎为庖宰,昵近习亲,而汤乃仅知其贤而用之。故曰以至智说至圣,未必至而见受,伊尹说汤是也;以智说愚必不听,文王说纣是也。故文王说纣而纣囚之,翼侯炙,鬼侯腊,比干剖心,梅伯醢,夷吾束缚,而曹羁奔陈,伯里子道乞,傅说转鬻,孙子膑脚于魏,吴起收泣于岸门、痛西河之为秦、卒枝解于楚,公叔痤言国器、反为悖,公孙鞅奔秦,关龙逢斩,苌宏分胣,尹子阱于棘,司马子期死而浮于江,田明辜射,宓子贱、西门豹不斗而死人手,董安于死而陈于市,宰予不免于田常,范睢折胁于魏。此十数人者,皆世之仁贤忠良有道术之士也,不幸而遇悖乱闇惑之主而死,然则虽贤圣不能逃死亡避戮辱者何也?则愚者难说也,故君子难言也。且至言忤于耳而倒于心,非贤圣莫能听,愿大王熟察之也。

【译文】

我韩非并不是认为说话本身困难,我之所以难于进言是因为:言语流畅和顺,洋洋洒洒,就会被认为是华而不实;言语恭敬诚恳,耿直周全,就被认为是笨拙而不成条理;言

《韩非子》的智慧

语广征博引，类推旁比，就被认为是空而无用；言语言简意赅，直率简略而不加修饰，就被认为是出口伤人而不善辩说；言语激烈明快而无所顾忌，触及他人隐情，就被认为是中伤别人而不加谦让；言语宏大广博，高深莫测，就被认为是浮夸无用；家长里短，琐碎细致，就被认为是浅薄；言语切近世俗，遵循常规，就被认为是贪生怕死而奉承君主；言语超凡脱俗，怪异不同众人，就被认为是荒唐；言语敏捷流畅，富于文采，就被认为是过于华丽而不质朴；言语质朴平凡，诚朴陈说，就被认为是粗俗；而动辄援引《诗经》《尚书》，称道效法古代，就被认为是死记硬背。这些就是我认为难于进言并深感忧虑的原因。

所以提出的办事原则虽然正确，未必被听取；治国的道理虽然完美，未必被采纳。君主若认为这些话不可信，轻则看成是诋毁诽谤，重则使说话者遭到灾祸，甚至死亡。所以伍子胥善于为吴君谋划，而吴王却逼迫他自杀；孔子善于游说而匡人却围攻他；管仲确实贤能而鲁国却囚禁了他。这三个大夫难道没有才能吗？而是三国的君主不明智。上古圣王商汤，是最圣明的王；伊尹，是最聪明的大臣。极其聪明的人去游说极其圣明的人，这样尚且多次游说而不被采纳，最后伊尹只能亲自拿着炊具做厨师，亲近熟悉后，汤才知道伊尹贤能并重用了他。所以说：即使最聪明的臣子去游说最圣明的君主，也未必能被接受，伊尹向商汤进言就是这种情况；而最聪明的臣子去进言最愚蠢的君主必定是不被接受的，周文王进言商纣王就是这种情况。所以文王游说商纣王而被纣王囚禁了；翼侯游说商纣王而被纣王烤死了；鬼侯游说商纣王而被纣王做成了肉干；比干游说商纣王而被纣王剖心；梅伯游说商纣王而被纣王剁成肉泥；管仲在鲁国被捆绑；曹羁劝说曹伯无果而逃奔陈国；百里奚沿路乞讨；傅说被辗转买卖；孙膑在魏遭受膑刑；吴起在岸门默默垂泪，痛心西河将成为秦地，最后在楚国因为变法被肢解；公叔痤推荐人才反被认作脑筋错乱，致使公孙鞅出奔到秦；关龙逄向夏桀游说而被斩；苌弘被开膛破肚；尹子被抛尸荆棘丛中；司马子期死后尸首浮于江上；田明被分尸；宓子贱、西门豹不与人争斗而被人杀害；董安于死后被陈尸市中；宰予无法逃避田常政变；范雎在魏国被打断了肋骨。这十几个人，都是世间少有的仁义、贤能、忠良、优秀的人，却不幸遇到昏聩庸碌的君主而被杀。那么即使贤圣也不能逃避死亡和凌辱，这是什么原因呢？就是昏庸的君主难以劝说，所以贤明的君子难以游说。况且遵循事理的意见，经常合情合理而又逆耳冲撞，那些不是贤圣的君主听不进去的。希望大王对此深思熟虑。

【解读】

（一）《难言》是韩非子给韩王的上书，韩非子认为战国时期人心混乱，各种学说纷纷扬扬，说什么的都有。所以他在这个时候什么都不想说了，这就是难言！难言，并不是不想言，也不是不能言，而是不想加入到那些无谓的争辩中。

于是文章开头就说：臣韩非子不是没有能力进言，之所以难以进言的原因是：其一，要是言辞和顺流畅，洋洋洒洒，就被认为是华而不实；其二，要是恭敬诚恳，耿直周全，就被认为是笨拙而不成条理；其三，要是广征博引，类推旁比，就被认为是空而无用；其四，要是义微言约，直率简略而不加修饰，就被认为是出口伤人而不善辩说；其五，要是激烈明快而无所顾忌，触及他人隐情，就被认为是中伤别人而不加谦让；其六，要是宏大广博，高深莫测，就被认为是浮夸无用；其七，要是谈论日常小事，琐碎陈说，就被认为是浅薄；其八，要是言辞切近世俗，遵循常规，就被认为是贪生而奉承君主；其九，要是言辞异于世俗，怪异不同众人，就被认为是荒唐；其十，要是口才敏捷，富于文采，就被认为是不质朴；其十一，要是弃绝文献，诚朴陈说，就被认为是粗俗；其十二，要是动不动就引用《诗经》《尚书》，称道效法古代的文献，就被认为是死记硬背。

（二）这些就是我难于进言并深感忧虑的原因。所以法则虽然正确，未必被听取；道理虽然完美，未必被采用。大王若认为这些话不可信，轻则看成是说毁诽谤，重则使进言者遭到灾祸，甚至死亡。

例证一：伍子胥善于谋划而吴王杀了他。吴楚争霸，到阖卢即位时，吴渐次吞并，将楚国逼入了战略守势。楚国叛将伍子胥提出了一个"三师肆楚"计划。（多支小股军队多方向骚扰楚国，使楚国产生战略误判）计划实施六年以后，楚进蔡，蔡向吴求援。加之此前楚国和唐国结怨，蔡、唐、吴国结成了同盟。在唐、蔡两国的引导下，吴军突然出现在了汉江东岸。楚国措手不及，五战皆败，楚昭王弃都出逃，吴国取得了对楚作战的决定性胜利。接下来讨论战略时，新任吴王夫差却和灭楚功臣伍子胥产生了严重的意见分歧：夫差要北上，伍子胥坚持首先南下灭越。夫差一直觉得这位前辈过于霸气，索性支使他去齐国出差。伍子胥临行前，对儿子说："不杀勾践，吴国必亡，你也跟我一起走吧。"宰辅伯嚭（也是楚人）收了范蠡的钱，趁机诬陷伍子胥谋反，伍子胥身死。夫差呢？冒着与晋国、齐国迎头对撞的大险北上，被趁虚而攻的勾践三千越甲吞吴，最终身死国灭。

当然，这事如果我们从国家心态和文化属性的角度去分析，这是历代吴王一脉相承的基本国策，这个蛮夷之邦从来没有忘记过自己姬姓长房的血统，北上中原，重回华夏文明的怀抱是吴国最大的政治要求。在黄池（河南封丘）会盟上，吴王夫差提出要当盟主的理由是："于周室，我为长！"——《史记·吴太伯世家》

而对南方的越国，吴国的政策基本是被动反应式的。总之，越国始终不是吴国对外政策的关注焦点。只有北上才能实现从夷狄到华夏的身份转变。这种特殊的身份焦虑是楚人伍子胥很难理解的，丢命也是必然。对吴而言，它坚持融入华夏文明的执着态度正是华夏文明具有博大精深的魅力和开放包容的吸引力的表现。

例证二：孔子善于游说而致匡人围攻他。孔子周游列国过匡地，这是卫国的领土，当年鲁国阳货叛乱离鲁，过匡地时杀人放火，匡人痛恨阳货，孔子的鲁国口音被误为是阳货，后拼命解释才逃出来了。但跑的时候，颜回没有跟上，随后颜回才跟上来，见到颜回之后，孔子说以为他已经死了呢！颜回也很幽默地回复老师："先生还在，弟子哪敢先死呢！"可见，师徒二人的感情非比寻常，他们心心相印，息息相通。

例证三：管仲确实贤能而鲁国囚禁他。关于被捆绑之事是这样的：管仲察觉到齐国没多久就会产生动乱，便接送公子纠到鲁国避开。后齐国发生内战，齐襄公的堂兄公孙无知杀掉了齐襄公，独立为君，但没过多久，公孙无知被愤怒的群众杀掉，齐国没了国王，朝廷一片错乱。逃跑在外面的两个大少爷，看到条件成熟，都赶忙想办法归国，想要夺得君主的王位。鲁庄公通过打听信息，要管仲带人追杀公子小白，公子小白假死将管仲骗了，随后想办法回到齐国成为了君主，就是齐桓公。齐国精兵来犯，鲁庄公撑不住压力，只能杀了公子纠，随后将管仲等五花大绑，提前准备赠给齐桓公应急处置，为此换得齐国精兵的退兵。管仲则被作为囚徒押回齐国。

这三个大夫难道没有才能吗？而是三国的君主不明智。

再举贤主也要会表达的事例：上古有商汤，极其圣明；有伊尹，极其聪明。极其聪明的去进说极其圣明的，这样尚且多次进说不被采纳，还要亲自拿着炊具做厨师，亲近熟悉后，商汤才知道他的贤能并重用了他。

伊尹是商初重臣之一。流落时曾耕地，之后又沦为奴隶，之后投奔商汤，为汤烹炊，以烹调、五味为引子，分析天下大势与为政之道，劝汤承担灭夏大任。汤由此方知伊尹有经天纬地之才，便免其奴隶身份，命为右相，成为最高执政大臣。伊尹不仅是辅佐汤夺取天下的开国元勋，还是后来三任商王的功臣。所以说：用最聪明的去进说最圣明的，未必一到就被接受，伊尹说汤就是这种情况。

（三）相比而言：用聪明的人去进说愚蠢的人必定不被接受，周文王进说殷纣就是这种情况。所以文王进说纣王而被纣王囚禁了。纣王这个人非常聪明，见识、反应都很敏锐，能言善辩，所以他刚愎自用，对劝谏一概不听。但凡有人反对他，他就施以炮烙之刑。三公中的鄂侯和九侯得罪了纣王，纣王一怒把九侯做成了肉酱，把鄂侯做成了肉干。三公的另一位西伯侯听说后在私底下感慨了几句，也被抓起来关到了羑（yǒu）里（今河南安阳汤阴县北）这个地方。

韩非子的确历史知识丰富，而且一谈到这类聪明人进说愚蠢人的事情，就又开始滔滔不绝了。

关于商纣王，何其残忍，有那么多悲惨例证：翼侯被烤死；鬼侯被做成肉干；比干被剖心。

先说说比干：商纣王自从得到了妲己之后，就荒废朝政，成日酒肉池林。比干一连几天冒死进谏，指责商纣王的负面行为。商纣王大怒，就挖了他那颗"七窍玲珑心"。民间传说比干在被挖了心之后并没有马上死去，而是被姜子牙法术保护，在路上遇到卖没心菜的人，就得问他"人若是无心如何？"如果那人说"人无心还活"，那比干就活，如果那人说"人无心即死"，那他就死。结果他得到了"人无心即死"的答案，比干当场就死亡了。

真实的历史是，比干是第一个以死谏君的忠臣。他是商纣王的叔父，又是当时的丞相，他对商纣王的暴虐统治感到不满，多次劝阻谏言，但是商纣王都不听他的告诫，最后他只能以死相谏。还有一个说法是，比干的侄子微子，派人到周国，请他们在商朝最弱的时候攻打。商纣王在知道后非常愤怒，直接以暴力的手段杀死比干。

还有更为残忍的是梅伯被剁成肉酱。商纣王对待劝谏自己的大臣更是品行暴虐，据说为了让自己开心，他专门发明了一种炮烙之刑，将一个铜柱子烧红，让接受惩罚的人在上面爬行，直到被烙得皮焦肉糊而死。在《封神演义》中就记录了两位被处以炮烙之刑的大臣，分别是天赦星赵启和天德星梅伯。不过赵启在《封神演义》中只是一位虚构的人物，而梅伯在商周的历史上是却有其人的，他本是商朝的诸侯，被赠与太师之位，是一位与闻仲、比干齐名的忠臣。梅伯以正直敢言著称，曾多次劝谏商纣王，他身边的朋友经常劝

> 《韩非子》的智慧

他，不要给自己招来杀身之祸，他却依然如故，只要遇到纣王昏聩的事情，便立刻指出。终于有一天纣王忍无可忍，下令将其处死，尸体也给剁成了肉酱。

韩非子还提到了百里奚沿路乞讨。百里奚自幼家贫，在齐游学时曾乞食于人，因得不到齐的任用，投奔虞国，虞为晋所灭，百里奚被俘。秦穆公以求婚于晋，晋献公将百里奚作为陪嫁臣送秦。奚不堪其辱，逃到南阳，被楚人所执以牧牛为生。秦穆公知奚贤，遂以缉拿逃奴为由，用奴隶身价——五张羊皮将百里奚赎回，拜为大夫（五羖大夫），相秦七年，百里奚勤理政务，平易近人，生活俭朴，使秦大治，遂建霸业。

韩非子又提到了傅说被转卖。傅说是商武丁时的贤臣，曾为奴隶建筑工。还说到了孙膑在魏遭受膑刑；吴起在岸门拭泪，痛心西河将成为秦地，最后在楚国被肢解；公叔痤推荐国中杰出人才反被认作糊涂，公孙鞅出奔到秦；关龙逄被斩；苌弘被剖腹。

先说关龙逄，夏朝人。中国历史上第一位名相，做了两代夏王的丞相，因为进谏忠言而被桀所杀。

再说苌弘。周朝蜀地资州人。苌弘冤死于周敬王的懦弱（如晁错）。传说死后三年，其心化为红玉，其血化为碧玉。后常以"碧血"与"丹心"连举，称颂为国捐躯之士；用"苌弘化碧"喻千古奇冤。苌弘是孔子的老师，所以在苌弘故里资中，根据孔子毕生提倡"尊师重教"的学说的原因，在孔子老师的家乡这一特殊的环境里的文庙的孔子只好以"彬彬有礼，侍立以待"的站像存在。

西门豹不与人争斗而被杀害。继位的魏武侯对于之前魏文侯时期的一些逸言记恨于心，找机会就把西门豹给杀了，西门豹这样算是生不逢时了。虽然西门豹被杀害了，但是他的故事一直都为人们津津乐道。他修建的用于灌溉的水渠，经过人们的不断修整，一直沿用到唐代，有一千多年的历史。

董安于死后被陈尸市中。董安于不仅是出色的建筑家，也是超群的战略家和政治家。晋六卿的范氏、中行氏在暗中与赵稷结为同盟。董安于觉察到形势的严峻，赶紧提醒赵简子："与其坐以待毙，不如先发制人。"赵简子害怕担当挑起祸端的罪名，没敢答应。董安于的建议很快传到范氏、中行氏的耳中，他们挥师向赵简子扑来。赵简子退守晋阳。此时另三卿联合向晋定公请命，范氏、中行氏向晋定公发起反击，但范氏、中行氏成为了晋国的众矢之的。他们很快败下阵来，仓皇逃走。赵简子回到晋都，重新担任正卿。这场祸乱使其他正卿开始注意到董安于。他们隐隐感到，如果董安于尽心竭力地辅佐赵简子，赵氏迟早会独霸晋国。留下此人，终归是其他正卿的隐患。于是，势力最大的智伯站出来给赵简子施压：范氏、中行氏作乱，由你的家臣董安于引起，应杀之。赵简子左右为难。董安于坦然而言："如果我的死能够保全赵氏，换取晋国的安定，我又怎么会吝啬自己区区一条性命？"于是，他自缢身亡。就是这样一个忠肝义胆的臣子，却死在自己主人的手里；就是这样一个深谋远虑的贤士，却暴尸于自己精心建造、全力守护的晋阳城中。

韩非子最后又说了两个人：一是宰予不能逃避田常政变。宰予，能言善辩，曾跟随孔子周游列国。游历期间，常受孔子派遣，出使于齐国和楚国。《韩非子·难言》篇新说法：宰予在齐国为田常所杀害："宰予不免于田常"。韩非子将他看作圣贤。二是范雎在魏被打断肋骨。范雎也被韩非子看做圣贤。

（四）结论：韩非子说，这十几个人，都是仁义、贤能、忠良而有本领的人，不幸遇到荒谬昏庸的君主而死去。那么即使贤圣也不能逃避死亡和刑辱，这是什么原因呢？就是昏庸的君主难以劝谏，所以君子难以进言。况且合情合理的意见是逆耳冲撞的，除了贤圣没人能听进去。希望大王仔细考虑。

第十四节　《韩非子·安危》

【原文】

安术有七，危道有六。

安术：一曰，赏罚随是非；二曰，祸福随善恶；三曰，死生随法度；四曰，有贤不肖而无爱恶；五曰，有愚智而无非誉；六曰，有尺寸而无意度；七曰，有信而无诈。

危道：一曰，断削于绳之内；二曰，断割于法之外；三曰，利人之所害；四曰，乐人之所祸；五曰，危人于所安；六曰，所爱不亲，所恶不疏。如此，则人失其所以乐生，而忘其所以重死。人不乐生，则人主不尊；不重死，则令不行也。

使天下皆极智能于仪表，尽力于权衡，以动则胜，以静则安。治世使人乐生于为是，爱身于为非。小人少而君子多。故社稷常立，国家久安。奔车之上无仲尼，覆舟之下无伯夷。故号令者，国之舟车也。安则智廉生，危则争鄙起。故安国之法，若饥而食，寒而衣，不令而自然也。先王寄理于竹帛，其道顺，故后世服。今使人饥寒去衣食，虽贲、育不能行；废自然，虽顺道而不立。强勇之所不能行，则上不能安。上以无厌责己尽。则下对"无有"；无有，则轻法。法所以为国也，而轻之，则功不立，名不成。闻古扁鹊之治其病也，以刀刺骨；圣人之救危国也，以忠拂耳。刺骨，故小痛在体而长利在身；拂耳，故小逆在心而久福在国。故甚病之人利在忍痛，猛毅之君以福拂耳。忍痛，故扁鹊尽巧；拂耳，则子胥不失。寿安之术也。病而不忍痛，则失扁鹊之巧；危而不拂耳，则失圣人之意。如此，长利不远垂，功名不久立。

人主不自刻以尧而责人臣以子胥，是幸殷人之尽如比干；尽如比干，则上不失，下不亡。不权其力而有田成，而幸其身尽如比干，故国不得一安。废尧、舜而立桀、纣，则人不得乐所长而忧所短。失所长，则国家无功；守所短，则民不乐生。以无功御不乐生，不可行于齐民。如此，则上无以使下，下无以事上。

安危在是非，不在于强弱。存亡在虚实，不在于众寡。故齐万乘也，而名实不称，上空虚于国，内不充满于名实，故臣得夺主。桀，天子也，而无是非；赏于无功，使谗谀以诈伪为贵；诛于无罪，使伛以天性剖背。以诈伪为是，天性为非，小得胜大。

明主坚内，故不外失。失之近而不亡于远者无有。故周之夺殷也，拾遗于庭，使殷不遗于朝，则周不敢望秋毫于境。而况敢易位乎？

明主之道忠法，其法忠心，故临之而法，去之而思。尧无胶漆之约于当世而道行，舜无置锥之地于后世而德结。能立道于往古而重德于万世者之谓明主。

【译文】

使国家安定的方法有七种，使国家危亡的方法有六种。

使国家安定的七种方法：一是赏罚根据是非的正确来确立；二是福祸根据行为的善恶来评价；三是生死根据法律的标准；四是评判标准只能是依据德才做出，而不是依据个人的喜好做出；五是判断的标准只能根据本人的愚蠢或智慧，而不是依据他人的诽谤或赞美而来；六是衡量事物有客观标准而不凭主观臆测；七是治理国家要守信用而不欺诈。

使国家危亡的六种方法：一是像砍削木材偏到墨线以内一样对待臣民，即徇私枉法；二是对法律规定范围之外的事也任意裁决；三是从别人的祸害中获取利益；四是用别人的灾祸取乐；五是在别人生活平安时，去危害别人；六是不亲近喜欢的人，不疏远厌恶的人。如果这样的话，人们就失去了乐于生存的前提，也失去了害怕死亡的条件。人们不乐于生存，君主就得不到人们的尊重；不害怕死亡，法令就不能实行。

假使天下之人皆能在法令规范内充分地发挥自己的智慧和才干，在法令规定的范围内竭尽自己全部的力量，这样的力量用来打仗就能取胜，用来治国就能安定。治理有度的社会使人乐于生存去做合法的事，珍爱生命而不去做违法的事，这样坏人就少，好人就多了。所以政权长久，国家久安。疯狂奔跑的车子上不会有孔子那样的智者，倾覆的船只下不会有伯夷那样的廉者。所以法令就如同国家的船和车，平和安定的时候智慧和清廉的人才能出现，危亡动乱的时候争夺和贪鄙的人就会蜂拥。所以使国家安定的法律，就像人饿了要吃饭、冷了要穿衣一样，是不用强制命令而自然需要的。先王把治国需要的法则书写在竹简和帛书上，这些法则顺应了自然的规律，所以后人都能信服。如果让人们免除了饥饿和寒冷的自然需要，那么即使是孟贲、夏育那样的大力士也无法强迫人们去追求衣食；如果违背了自然的规律，即使沿用先王之道也无法推行。如果勉强民众去做勇士也无法做到的事，君主就得不到安宁。君主以永不满足的贪欲去搜刮已被搜刮殆尽的民众，民众就会回答说："我一无所有了"；民众一无所有，就会轻视法令。法令是用来治国的，一旦被民众轻视了，君主的功业就无法建立，君主的名声就无法获得。听说古代名医扁鹊治疗疾病时，拿刀子插入病人的骨头；圣人挽救危亡之国时，拿逆耳的忠言刺入君主的耳朵里。刀子刺骨，即使身上一时疼痛，身体却能得到长久的好处；忠言逆耳，即使心里暂且难忍，国家却能得到长远的利益。因此，患重病的人忍受疼痛得到好处，勇猛刚毅的君主忍受逆耳之言得到国家的幸福。病人能忍住疼痛，所以扁鹊才能竭力救助；君主不怕逆耳之言，所以就不会失去像伍子胥那样的忠贞之臣；这是国家长治久安的办法。生病了却不能忍住疼痛，扁鹊的技巧再高超也无法施展；国家危亡之时却害怕逆耳的忠言，忠贞之士的尽心谋划就无法进献。这样一来，国家的长久利益就不能流传千古，功名就不能永久建立。

君主不以尧为榜样要求自己，却拿忠贞之士伍子胥的标准要求臣下，这就好比希望商纣统治下的殷人都如同忠直的比干一样。如果所有的臣民都像比干一样，君主也就不会丧失政权，臣民们也就不会背弃君主。如今君主不能正确估计自己的力量，底下又有田成这样图谋不轨的臣子，却还幻想他们都像比干，所以国家得不到一丁点安宁。如果尧、舜这样的圣君被废，桀、纣这样的暴君得位，那么人们就不可能为自己能做的事情感到幸福，也不可能为自己不能做的事情感到忧虑。人们失掉了做好事的愿望，国家就无法建立功

《韩非子》的智慧

业；整天为做不了的事情忧虑，民众就不再乐于生存。用没有功业的国君驾驭不乐于生存的民众，这种治国办法在百姓中是行不通的。像这样的话，君主就没有办法役使臣下，臣下也没有办法侍奉君主。

国家的安危在于君主能否分清是非，而不在于国力的强弱。国家的存亡取决于君主是徒有虚名还是握有实权，而不在于民众的多寡。所以，齐国是拥有万乘之车的大国，但实际却名不符实，君主齐简公在国内的权力完全丧失，名位和实权都已旁落，所以田成能够篡夺君位。桀是天子，但却没有是非观念：对那些没有功劳的人大力奖赏，使得阿谀奉承的人凭借欺诈的手段得到高位；对那些没有罪过的人无故诛杀，使驼背的人因为天生畸形而被剖开了背部。他把欺诈当成正确的手段，把纯朴的本性当做民众的错误，所以封地有限的商汤得以战胜土地广袤的夏桀。

圣明的君主巩固国家内部，所以国家不会被其他人颠覆。国家内部政权不稳固，而不曾被别国所灭亡，这种事情从未有过。所以周能夺取殷的政权，就像在自家院子里内捡东西一样容易。假使殷纣王并未在朝廷上丢失什么，那么周人连殷境内的一根毫毛也不敢奢望，更何况改换君位呢？

圣明的君主的治国之道是忠于法制的，这种法制也是忠于民心的。所以，明君治国以法制，民众都依法而行；而一旦脱离法制，民众就会思念明君时代的法制。尧和当时的民众并没有订立牢不可破的盟约，但他的治国策略却能够畅通无阻；舜的后代没有立锥之地，但他的德行却一直留在民众的心中。能够把古代尧舜作为榜样来确定治国原则，并传下万代恩德的人，就叫做英明的君主。

【解读】

（一）解题："安危"，即国家的安定之术和危亡之道。这篇要讨论的是，怎样才能"使人乐生于为是，爱身于为非"，（在做好事中生存，又因爱惜自己生命不做坏事）达到国家的长治久安。

（二）在这篇文章中，韩非子提出：明是非、辨善恶、讲法度、无爱憎、不考虑毁誉、严格依法行事和诚信无欺等七种安定国家的方法，又列举了不依法裁决、徇私枉法、以民之祸害为利、以民众灾祸为乐、危害民众平安、不能自主决定是否与人亲近等六种"危害"。

韩非子认为，法令的施行，目的是什么呢？是让天下的人在法令规定的范围内充分发挥聪明才智，贡献自己的力量。法令更有规范和强制意义，要人们做好事，不做坏事；乐于在做好事中生存，又因爱惜自己的生命而不做坏事，使坏人减少，好人增多，从而达到国家安定的目的。

"安术有七"：一曰，赏罚随是非：是说赏罚要根据是非而定。二曰，祸福随善恶：是说祸福要根据行为的善恶而获得。三曰，死生随法度：是说生死要根据法律的规定而决定。四曰，有贤不肖而无爱恶：是说判断臣民要根据各人品德和才干而不凭君主个人的爱憎。五曰，有愚智而无非誉：是说用人只根据其本人的愚蠢或智慧而不考虑别人的诽谤或赞美。六曰，有尺寸而无意度：是说衡量事物要有标准而不是随意猜想。七曰，有信而无诈：是说要守信用而不欺骗。这七条很全面，集中概括了韩非子的法治思想，核心是君王能否严格地实行法律。

"危道有六"：一曰，断削于绳之内：是说斫削木材偏到准绳以内（徇私枉法）。二曰，断割于法之外：是说锯断木材偏到了规则之外（任意裁决）。三曰，利人之所害：是说以别人的祸害为利。四曰，乐人之所祸：是说以别人的灾祸为乐。五曰，危人于所安：是说危害别人的平安生活。六曰，所爱不亲，所恶不疏：是说对自己所亲爱的人不亲近、所厌恶的人不疏远。如此，则人失其所以乐生，而忘其所以重死。人不乐生，则人主不尊；不重死，则令不行也。

最后，我们用今天的话再来给这篇做一个白话文总结：使国家危乱的途径：一是斫削木材偏到准绳以内（徇私枉法），二是锯断木材偏到了规则之外（任意裁决），三是以别人的祸害为利，四是以别人的灾祸为乐，五是危害别人的平安生活，六是对自己所亲爱的人不亲近、所厌恶的人不疏远。像这样，人们就失去了乐于生存的前提，而忘记了珍爱生命的原因。人们不乐于生存，那么君主就不会受到尊重；不畏惧死亡，那么法令就无法推行。

（三）文章接着说：所以使国家安定的法律，就如人饿了要吃饭，冷了要穿衣，不必发布命令人自然就会去做。先王把治国的道理写在竹帛上，由于它的道理顺应了自然的要求，所以被后世信服。假如让人去掉不饥不寒的自然要求，即使是孟贲、夏育那样的勇士也做不到；违背了客观的需要，即使沿先王之道也行不通。如果强制连勇士也做不到的事，那么君主就不能安宁。君主以无厌的贪欲向已被搜刮干净的民众索求，那么民众就会回答说："我一无所有了"；民众一无所有，就会轻视法令。法令是用来维系国家的，而民

▶ 《韩非子》的智慧

众轻视它，那么君主的功业就不能建立，而名声也无法成就。

应该说，韩非子在这篇文章中所讨论的问题，无疑正是每个封建君主最为关心的问题。而要使一个国家"安"而不"危"，最关键的无非是要抓住"应该怎样做"和"不能怎样做"两个方面。韩非子在文章中所说的七种安定之术和六种危亡之道，可以说正好是就这两方面入手的。

与《韩非子》前面讨论国家安危的文章不同的是，《韩非子》以前各篇讨论的，多是奸臣导致国家危亡的各种奸术、以及君主应如何防止奸臣"奸劫弑主"的问题；而在此篇中，韩非子虽也提出了七种"安术"和六条"危道"，但其重点则在论君主立法和执法的原则上。

因为无论是七种"安术"还是六条"危道"，其内容无非是说君主在立法与执法时应该坚持什么原则和违反了这些原则可能带来的危害。如果说七种"安术"的内容是正面阐述君主立法和执法应该坚持什么原则的话，那么六条"危道"的内容则是在从反面提醒君主立法和执法时应避免的危险。

值得注意的是，韩非子除了一如既往地告诫封建君主应该摒弃个人的主观好恶和是非观念，一切严格地依法行事之外，也表现出了他思想中的一些新的因素。第一，以往在韩非子的观念里，人只是君主达到国富兵强目的的工具和手段。而这篇，在他的国富兵强的理想社会中，人不再只是纯粹的物质手段和工具了，而是同时具有了一定的道德色彩，已经具有人文倾向了。第二，韩非子在一定程度上察觉到了他的"政治"纯粹借助威胁利诱的局限。因此他在论制定立法和执法的原则时，也考虑到了"法治"对象的接受意愿和接受程度的问题。人有好利恶害、希求利禄富贵的本性，统治者以法制的手段剥夺违法者的财富，在一般情况下当然可以起到很好的威慑作用，但是当被处罚者已到了"要钱没有，要命一条"的时候，这种惩罚手段就没有太大作用了。

（四）结论：韩非子也是得老子之精髓者。老子说："民不畏死，奈何以死惧之?""民不畏威而大威至，无狎其所居，无厌其所生"，要使民众能维持生计并"乐生"，这样才能长治久安。这是对老子良苦用心的回应与延续。

参考文献

[1] 王弼注. 楼宇烈校释. 老子道德经注校释[M]. 北京：中华书局，2008.

[2] 陈奇猷. 韩非子集释[M]. 上海：上海人民出版社，1974.

[3] 盖尤斯. 法学阶梯[M]. 北京：商务印书馆，1984.

[4] 司马迁. 史记[M]. 北京：中华书局，1959.

[5] 王先谦. 荀子集解[M]. 北京：中华书局，1954.

[6] 钱穆. 庄老通辩[M]. 上海：生活·读书·新知三联书店，2010.

[7] 陈寿撰. 裴松之注. 三国志[M]. 北京：中华书局，1959.

[8] 司马光. 资治通鉴[M]. 北京：中华书局，1956.

[9] 王洁卿. 中国法律与法制思想[M]. 北京：法制出版社，2002.

[10] 郭沫若. 郭沫若集[M]. 北京：人民出版社，1982.

[11] 中共中央文献研究室编. 毛泽东读文史古籍批语集[M]. 北京：中央文献出版社，1993.

[12] 诸葛亮. 诸葛忠武侯文集[M]. 北京：解放军出版社，1987.

[13] 陈启天. 韩非子参考书辑要[M]. 北京：中华书局，1945.

[14] 中共中央文献研究室编. 毛泽东读文史古籍批语集[M]. 北京：中央文献出版社，1993.

[15] 董仲舒. 春秋繁露[M]. 北京：中华书局，1992.

[16] 朱熹. 朱子语类[M]. 北京：中华书局，1986.

[17] 朱熹. 朱子大全[M]. 成都：四川教育出版社，1996.

[18] 丘濬. 大学衍义补[M]. 吉林：吉林出版集团，1991.

[19] 周勋初. 《韩非子》札记[M]. 南京：凤凰出版社，2021.

[20] 蒋重跃. 韩非子的政治思想[M]. 北京：北京师范大学出版社，2010.

[21] 邵永海. 读古人书之韩非子[M]. 北京：北京大学出版社，2017.

[22] 张觉等. 韩非子译注[M]. 上海：上海古籍出版社，2016.

[23] [日]太田方. 韩非子翼毳[M]. 上海：中西书局，上海世纪出版集团，2014.

[24] 韩鹏杰. 道德经说什么[M]. 南昌：江西人民出版社，2019.